Psychological

Lifelong Sciences for Everyone

みんなのための生涯学

人生を楽しむ科学への招待

Biological

月浦 崇
Takashi Tsukiura

柴田 悠
Haruka Shibata

金子 守恵
Morie Kaneko

編著

Social

ナカニシヤ出版

はじめに

　65 歳以上の高齢者の割合が総人口の 29％を超えている我が国にとって，超高齢社会に対して社会全体としてどのように対応していくのかが，喫緊の解決が求められる重要な社会問題です。これまでは，人間の生涯は「成長から衰退へ」という単純な枠組みで捉えられてきましたが，人生 100 年時代の到来とともに，従来のような単純な生涯観だけで人間の生涯を理解することは難しくなってきています。そこで私たちは，従来の生涯観を刷新し，人間の生涯における変化を，社会との相互作用の中で多様な成長と変容を繰り返す生涯発達のプロセスとして捉えなおすことを目的とした，新しい学際的研究領域である「生涯学」を立ち上げ，研究を展開してきました。

　「生涯学」を展開するにあたり，私たちは生物心理社会モデルに則ったアプローチを進めてきました。具体的には，脳や身体といった生物としてのヒトに着目する脳科学や医学の研究，メンタルヘルスや認知機能など人間のこころを対象とする心理学の研究，人と人との関係や人間が実際に生活を営んでいる社会を研究対象とする社会学や文化人類学などの研究を基礎とし，さらにそれらの研究成果を，生涯学習を媒介として社会へ還元することで，基礎から応用までの展開を進める多元的な人間研究を実施してきました。本書は，そのような「生涯学」の多彩な研究を集大成としてまとめたものになります。

　本書を出版するにあたり，「人生を楽しむ科学への招待」の副題を入れました。年を取ることに関して，「成長から衰退へ」のような従来の単純な見方を刷新し，新しい生涯の捉え方を提案することが「生涯学」のプロジェクトの目的であることは先に述べましたが，そのために私たちが重視したのは，科学的・学問的エビデンスです。「新しい生涯観」と聞くと，もしかしたらそこに胡散臭さを感じる方もいらっしゃるかもしれません。しかし私たちは，それぞれの学問分野の新進気鋭の研究者，エキスパートの研究者の叡智を集め，それらの統合の上にこそ「生涯学」が成立し得ることにこだわりました。そして，そのような

学問的基盤によって，「衰退」へ向かうだけであると従来は理解されてきた私たちの人生は，本当は明るい未来への「成熟」であることが再確認され，社会全体が明るい未来へ向かって人生を全うできるようになるのではないかと思います。つまり「生涯学」は，明るい未来へ向かう「成熟」の中で，みなが人生を楽しむための科学でありたいと私たちは願っています。

　本書を通して，これからの未来を担う学生のみなさん，現在社会の中心となって私たちを支えてくださっているみなさん，リタイアした後の人生を謳歌しているみなさん，そして病気などで現在苦しい思いをしている方も含めて，老若男女問わず多くのみなさんが新しい人生の見方を再発見してもらえたらと考えています。そして，私たちの「生涯学」のプロジェクトが，みなさんの新しい生涯を発見する羅針盤となり，みなさんの人生のサポーターになれれば嬉しいです。私たちと一緒に，みなさんの新しい生涯へ向けた旅へ出発しましょう。

「生涯学の創出：超高齢社会における発達・加齢観の刷新」研究プロジェクト
代表　月浦　崇

　本書の出版には，科研費学術変革領域研究（A）「生涯学の創出―超高齢社会における発達・加齢観の刷新」（JSPS 科研費 JP20H05800）による助成を受けました。

目　次

はじめに　*i*

序　章　生涯学へようこそ！
「脳・体」「心」「社会」から生涯を捉えなおす（月浦　崇・柴田　悠・金子守恵）　1

　認知機能の衰えをカバーする認知予備力　3
　人間を，生物的側面・心理的側面・社会的側面の 3 つの面からみる　4
　社会実装の窓口となる教育学　9
　生涯にわたる成熟 =「個人の認知予備力」+「社会の予備力」？　11
　「老いずに生きるためのコツ」だけではなく　13

第 1 部　「脳・体」から生涯を捉えなおす

第 1 章　年を取ると記憶は悪くなる？
脳からみる記憶の多様性と加齢による変化（月浦　崇）　17

　1　記憶のタイプによって加齢による影響は異なる　17
　2　記憶の促進効果と加齢　20
　3　加齢による脳領域の役割分担の変化　21

第 2 章　脳画像を通してヒトの生涯をみる（小池進介）　24

　1　脳の生涯をみる　24
　2　ストレスで脳はどう変化するのか　27

iv

3　脳が大きいことは良いこと？　　31

第3章　「加齢」と「老化」の違い
　　神経発達症の研究でわかってきたこと（木村　亮）　　**33**

1　「老いる」と「老ける」は，似て非なり　　33
2　老化の程度を知るには？　　34
3　神経発達症の加齢と老化について　　35
4　エピジェネティック年齢を用いた研究の課題　　38

第4章　身体活動と脳の健康（石原　暢）　　**40**

1　運動不足に陥る人々　　40
2　中高齢期の身体活動と脳の健康　　41
3　子どもの身体活動と脳の健康　　43
4　1回の運動でも一時的に認知機能が向上する　　45
5　日常生活に運動を取り入れよう　　46

第5章　生涯にわたる女性のこころとからだのヘルスケア（江川美保）　　**48**

1　女性のライフステージ，女性特有の体調不良　　48
2　月経トラブルへの対処法　　48
3　更年期障害への対処法　　52
4　女性ホルモンの波に振り回されないで！　　54

第2部 「心」から生涯を捉えなおす

第6章　知覚の加齢変化
　　　　　補い合う感覚（寺本　渉）　　　　　　　　　　　　　　　　　59

1　加齢による感覚・知覚の機能低下　60
2　補い合う視覚と聴覚　62
3　統合的な身体感覚　63
4　統合的な身体感覚と身体運動機能との関連性　65
5　身体運動機能を高めよう　66

第7章　認知機能における予備力の役割
　　　　　精神・神経疾患の理解のために（松井三枝）　　　　　　　　　68

1　認知予備力の概念の歴史と定義　68
2　症例の紹介　69
3　認知予備力に関した研究紹介　74
4　認知予備力という予防的蓄積　77

第8章　生涯学から日常生活を科学する（権藤恭之）　　　　　　　　78

1　生活文脈の影響について調べる　78
2　生活文脈の測定の実際　79
3　生活文脈研究の実際　81
4　生活文脈に対する介入の可能性　84
5　時代とともに変化する生活文脈　85

第9章　睡眠中にみる夢を味方に人生をデザインする（松田英子）　88

1　夢と生物・心理・社会モデル　88
2　夢を生み出す睡眠のメカニズム　88
3　夢の素材―夢を構成する情報と個人差　90
4　生涯発達と夢のテーマ　91
5　悪夢の語りが教えてくれること　93

第10章　高齢者との会話を知る
会話の認知的加齢研究（原田悦子・澤田知恭）　97

1　認知的な加齢とは何だろうか　97
2　認知心理学研究に基づく高齢者との会話の特性　99
3　若者は高齢者による会話のエラーにどう対処しているか　103
4　超高齢社会ならではの高齢者との会話研究の意義　105

第3部　「社会」から生涯を捉えなおす

第11章　孤立しない人生を送るには？
高齢期の社会参加を調査研究する（筒井淳也）　109

1　高齢化で孤立の問題が注目されている　109
2　家族を持てば孤立しないのか　111
3　つながりのある社会へ　114

第12章　幸せな生涯を送るには？
余暇・裁量・頼り合い（柴田　悠）　117

1　人生は「中年期」が最も苦しい　117
2　「苦難の中年期」を乗り越えるには？　118

目　次　vii

3　「余暇」「裁量」「頼り合い」　123

第13章　技能の習得と多元的な発達観 （金子守恵）　125

1　土器を製作する女性職人の一生　125
2　人類学的な研究では，どのように人間の一生を描いてきたか　126
3　人間の生涯を描きだす方法とは？　127
4　女性土器職人の社会文化的な役割とライフステージ　129
5　年長女性職人のテクノ・ライフヒストリー　131
6　土器を製作する技能と多様な生き方　132

第14章　モノとともにあるヒトの生涯
「できる」「できない」とはどういうこと？ （倉田　誠）　134

1　「能力」とは？　134
2　標準化されるヒトとモノ　135
3　「できない」ことはなぜ問題になるのか　136
4　新しい見方を考えよう　140

第15章　「高齢期」って何色？
「高齢者イメージ」を調査する （安元佐織）　142

1　高齢者イメージ　142
2　高齢者のセルフイメージを理解する調査　144
3　高齢期を肯定的に語ることができる社会にするために　146

第16章　よりよく共に生きるためのレパートリー　(笠井賢紀)　149

 1　共生社会のレパートリー　149
 2　共によりよく生きるための民俗的な行事　151
 3　レパートリーとしての民俗行事を残すべきなのか　156

第4部　社会実装に向けて

第17章　生涯学習政策のこれまでとこれから　(石井山竜平)　161

 1　教育政策担当者にとっての生涯学習政策　161
 2　社会教育研究の立場からみた生涯学習政策　167
 3　議論　地域における学習と連帯をこれからつくる　172
 解　題　182

おわりに　185
索　引　189

序章

生涯学へようこそ！
「脳・体」「心」「社会」から生涯を捉えなおす

　「脳・体」「心」「社会」についての科学的研究によって，人の「生涯」を捉え
なおし，私たちの「生涯観」を刷新するプロジェクト，「生涯学」。本書はその
主な成果を，高校生も含む一般の人々に向けて，わかりやすく紹介する書籍で
す。この章では，まず「生涯学」という研究プロジェクトの代表である月浦崇
さんに，プロジェクト・メンバーの柴田悠さんが質問をする形で，生涯学とは
何かをご説明します。

柴田（以下，──とする）　本書を手に取られた方の中には，「生涯学」なんて
　　初めて聞いた，という人が多いのではないでしょうか。まずは，簡単に説
　　明していただけますか。

月浦　脳科学や心理学のような既存の分野ではないので，聞き慣れないのも当
然かと思います。一言でいうと，生涯学とは，「従来の生涯観を刷新すること」
を目指して，様々な学問分野の研究者が集まって行っている研究です。

──「従来の生涯観」とは，そもそもどんなものでしょうか。

月浦　たいていの人は，人の一生について「生まれ，育って，大人になり，加
齢とともに衰えて，最後は死ぬ」というイメージを持っていますよね。間違い
ではありませんが，いささか一面的に過ぎるように思いませんか。
　近年，人間の寿命は伸び続けており，今や「人生100年時代」といわれてい
ます。これほど高齢期が長くなった時代はありません。なのに今後もずっと，

図1 「生涯学」における生涯の捉え方

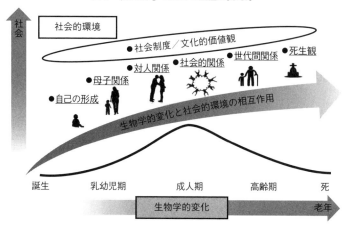

　数十年に及ぶ人生の後半を「ただ衰えていくだけの期間」だと捉えてしまっていいものでしょうか。それが正しいとしたら，高齢化が進む日本はお先真っ暗のように思えるでしょう。

　しかし実は，人間の生涯とはそう単純なカーブで描けるものではないのではないか。単なる希望や憶測ではなく，科学的にそれを検証し，生涯や加齢について，これまでとは異なる発見や価値観を社会に提供しよう，というのが，私たちの目指す「従来の生涯観の刷新」です。

——加齢や衰えを研究する学問はこれまでにもありましたし，いまも盛んに行われていますよね？　生涯学はそれらの研究とは違うのでしょうか。

月浦　たしかに老年学とか加齢医学といわれる研究がありますが，生涯学は，高齢者だけを対象にした研究ではなく幼少期や若者期，壮年期にも焦点を当て，幼少期からの人生の積み重ねが高齢期にどれほど大きな影響を与えているかをみる，というのが大きな違いです。

　たとえば，本書2章の小池進介さんの研究では，主に高校1～2年生の脳を画像でみることで，コロナ禍の緊急事態宣言前後で脳にどのような変化があったかを報告しています。人間の脳が環境に応じてとても変化しやすいことがわ

月浦　崇（京都大学大学院人間・環境学研究科　教授）

かると思います。

　ちなみに私の書いた1章や寺本渉さんの6章でも，若いときと高齢者では脳の使い方や視覚や聴覚などの知覚機能の働き方が異なり，おそらく高齢者はそれによって身体的・認知的な衰えをカバーしているのではないか，と様々な実験を通じて報告しています。ここで重要なのは，カバーできる度合いに個人差が大きいことです。

　また，若いときに運動習慣があったかどうかが，高齢になってからの脳の健康に影響を与えることもわかってきました。詳しくは石原暢さんの4章を読んでみてください。

認知機能の衰えをカバーする認知予備力

——高校生や大学生にとっては，高齢期というと遠い将来のことであって，いまの自分とは無関係な気がしてしまいますが，意外につながっているんですね。高校生の自分がいまの自分のために打ち込んでいる部活が，知らないうちに高齢期の自分の健康を支えることになるかもしれない。

月浦　生涯学に限らず様々な分野の科学的知見としてわかってきているのは，

「加齢とともに衰える」といっても，衰えかたは一様ではない，ということです。年齢が上がれば上がるほど「あまり衰えない人」と「すごく衰える人」の差が大きくなる。

　たとえば，AさんとBさんという二人の高齢者がいて，脳をみるとAさんの脳もBさんの脳も同じぐらい萎縮しているのに，Aさんは認知症を発症しておらず，Bさんは発症している，というのは珍しくありません。

　認知症を研究する脳科学や医学，心理学の分野では，この違いを生みだしているものを「認知予備力」と呼んでいます。くわしくは松井三枝さんの7章や権藤恭之さんの8章に書かれていますが，認知予備力とは，認知機能（たとえば記憶力や判断力）の低下をカバーすることができる，「たくわえ」のようなものです。Aさんは若いときからたくわえてきたから，認知機能が衰えてきてもその分をたくわえでまかなえている，というわけです。

　ではそれはどのようにたくわえられていくのか。生涯学ではそれを，運動習慣や教育を受けてきた年数，経験してきた仕事の複雑さ，趣味の種類，どのような考え方の社会の中で生きているか，などの様々な要因に注目して研究し，明らかにしようとしています。

　──幼い頃からの経験や知識の蓄積が，高齢になっても記憶力や判断力を高く
　　維持してくれる，ということですね。

月浦　はい，運動習慣があれば高齢になっても身体的な健康が維持されるというのは直感的にも納得しやすい話ですが，身体のみならず認知機能も，若いときからの運動や教育，仕事や余暇の過ごし方によって影響を受けているようだという知見が生涯学の研究によって集まりつつあります。そしてそのたくわえは，若いときだけでなく，生涯，積み重ねることができると考えられています。

人間を，生物的側面・心理的側面・社会的側面の3つの面からみる

　──私は社会学の研究者ですので，人が認知機能や運動能力を高く維持する要
　　因ではなく，「人生における幸福感をどれだけ感じられるか」をテーマに

研究をまとめました。くわしくは本書の 12 章を読んでいただけるとわかりますが，生涯全体を見渡すと，人はおおむね壮年期の幸福感が低いこと，そして過度な心理的ストレスを予防する鍵は「余暇」と「裁量」と「頼り合い」があるかどうかだとわかってきました。脳科学や医学，心理学にくわえて，社会学からのアプローチもあることが生涯学の特徴の一つですね。

月浦　おっしゃるとおりです。生涯学では，生物・心理・社会の 3 つの側面から，人間の生涯を捉えようとしています。人間の加齢を理解するのに，医学や脳科学のような生物学的観点だけでは不十分ですし，認知機能を測る心理学だけでも十分ではない。どんな個人もほかの人や社会との関係のなかで生きているので，人間の実像をとらえるには，個人と社会との関係をみる必要があります。人間を，生物的側面（Biological）・心理的側面（Psychological）・社会的側面（Social）の 3 つの側面から研究する方法を「生物心理社会（BPS）モデル」といい，生涯学は，この BPS モデルに則っています。

——生涯学には，社会的側面を捉える分野として，社会学や教育学に加えて，海外や日本でフィールドワークを行う文化人類学の研究者もいますね。

月浦　はい，高校生ぐらいまでの読者にはあまりなじみのない学問かもしれませんが，ごくごく簡単にいうと「異文化を知る，理解する」学問です。この場に，アフリカのエチオピアを拠点とした文化人類学的な研究（13 章）で生涯学に参加されている金子守恵さんがいらっしゃるので，文化人類学については金子さんにもご説明いただきながら進めましょう。
　実は，文化人類学は，生涯学の性質を左右するほどの重大な役割を果たしています。

——というのは？

月浦　これまでご紹介した研究は，アプローチの違いこそあれ，加齢による衰えをできるだけ防ごう，という立場です。つまり，「どうしたら高齢になって

聞き手：柴田　悠（京都大学大学院人間・環境学研究科 教授）

も老い込まずにいられるか」を明らかにしようとする研究が主流です。

　人は高齢期にさしかかると一様に衰えるわけではない，という認識を出発点として，だからどのように衰えを食い止めるかというのは大事な研究ですし，読者のみなさんにとっても「そうか，こういう生き方をすると高齢期を健康で幸せに生きられるんだな」というヒントにもなるでしょう。

　ただ，老いても健康，というのは人生の一側面でしかありません。いくら年齢のわりに健康でも，「できないことが増えた自分なんて社会のお荷物だ，生きている価値はない」などと思ってしまうとしたら，幸せな人生とはいえませんよね。現代日本は人々がそう思ってしまいがちな社会ではあります。でも，ひとつの標準的なモデルを定め，そこからはずれることをダメなこととみなす社会のほうが，もしかしたらおかしいのかもしれません。

　海外には，日本の「若くて健康でなんでも人並みにできることが善である，価値がある」という考え方とは違う考え方の社会がいくらでもあります。文化人類学の研究からそうした異文化の価値観を教えてもらうことによって，日本で主流の生涯観を刷新しうる可能性が大きく広がったように思うのです。この点も，生涯学が従来の加齢を扱っている研究分野とは異なるところです。

──私も金子さんのフィールド調査のお話で，人の身体はひとりひとり違うのが当たり前で，それが当然のように社会生活に反映されていることを知り，

日本のようにひとつの平均値のようなラインを決めてそれに合わせようとする画一的な社会を，一歩引いて，より客観的な目でみられるようになりました。

金子 そうですね，私のフィールドでは土器職人の家系に生まれた女の子はみんないずれ土器職人になるのですが，必ずしも「土器はこうつくるべき」という理想型があるわけではなく，みんなそれぞれにその人の手にあった土器をつくります。年を重ねることによる技術の熟練とはまた別に，その人の手だからこそできる形，つくり方を編み出していく。買う側もそれを当然と思い，自分のニーズにあった土器を，多くの職人のつくったものの中から探すんです。

――倉田誠さんの 14 章にも非常に興味深い知見が書かれていました。先進国でよくみられるシステムキッチンは，標準的な人間がひとりで最も効率的にすべての作業ができるようにつくられている。だから標準でない人には使いにくい。たとえば身長が高かったり低かったり，あるいは片手が不自由だったりとか。

　一方で，倉田さんがフィールドとされているサモアでは，調理場で様々な人が入れ替わりながら，自分ができることを互いに提供しあう形で調理

金子守恵（京都大学大学院アジア・アフリカ地域研究研究科 准教授）

が進んでいく。ゆえに，個人のレベルではできないことがあっても，それがことさら問題にならない。むしろ，自分にできないことがあるからこそ，他者と頼り合って，深い関係性を築くことができる。私の12章では幸せの基盤の一つとして「頼り合い」に着目しましたが，まさにその「頼り合い」の関係性が，調理場のなかで日常的に育まれているわけですね。しかもそれが，個人ではなく社会のなかで蓄積されていくことで，いわば「社会の予備力」として働いている，といえるのではないでしょうか。

月浦　そうだと思います。加齢によって何かができなくなることを大きな欠陥とみなす社会と，「できること／できないことは人によって違うのが当たり前。頼り合って，補い合ってやりくりすればいい」とする社会。個人の身体や認知機能は低下したとしても，社会の中に「頼り合い」があれば，全体としては決して低下することはなく，むしろより向上することにさえつながります。現代の日本社会で一般的な「加齢＝衰退」という考え方をゆるがしてくれるお話だと思います。

金子　文化人類学からいえるのは，「どちらの文化のほうが優れている」ということではなく，「他者の理解を通じて自分自身を知ることができる」ということです。生涯学の知見が「だからアフリカやサモアのような社会を目指そう，まねしよう」ではなく，「自分たちがいまもっている価値観が唯一のものではないんだ」というメッセージになってくれればと願っています。

月浦　たしかに，生涯学全体としても，加齢に対してネガティブな価値観とポジティブな価値観のどちらがいいか，という話をしたいわけではないんですよね。固定された価値観の多様化を図りたい，というのが本意です。

——私もつい，「いいものなら採り入れよう」と考えてしまいますが，その社会の成り立ちに関わるような価値観やしくみは簡単に移植できるようなものではない，独自に育む必要がある，というお話を文化人類学の方々がしてくださったのが印象的でした。

一方で，「共生社会のレパートリー」という考え方を提示してくださったのが，社会学の立場でフィールドワークをされている笠井賢紀さんです。多種多様な老若男女が共生していくには社会のなかにそのための知恵が必要で，伝統社会の中には，たとえばお祭りなどの地域行事の運営の仕方に知恵があり，その知恵は，「レパートリー」として他の地域でも，独自にアレンジを加えつつ活用しうるものではないか，という研究です。

月浦 料理のレパートリー，みたいなことですね。こと細かに説明されなくても，多くの人が「ああ，あれのことね」とわかり，アレンジを加えながら自分のものにしていく。

——くわしくは16章で書かれていますが，その知恵とは，たとえば「みんなで一緒に飲み食いする」といった人間の根源的な楽しみを掲げて集まることで，ふだんの生活における多少の行き違いもこの場ではとりあえず忘れて……と最低限のつきあいを維持できる，などがあげられます。各地に残るお祭りや風習に息づく知恵によって，人付き合いや社会が維持されてきたのではないか，という考察をされています。

個人にとって社会とのつきあいは非常に重要ですが，日本において高齢者の孤立は非常に大きな問題になっています。すなわち，「社会の予備力」に頼れない状況が生まれている。社会学の筒井淳也さんは11章で，どういう条件が整えば高齢者が友人・知人や親族を頼れるようになるか，共倒れする心配なく頼りあえる社会をつくるには何が必要か，という考察をされています。

社会実装の窓口となる教育学

——生涯学には人の生涯を理解することを目指した基礎的な研究が多いですが，教育学の石井山竜平さんに，科学的な知見や研究成果を社会に還元する「社会実装」の窓口役をつとめていただいているのですよね。

月浦 生涯学習の領域で，生涯学の知見を活かしていただこうとしています。「生涯学習」という言葉も聞き慣れないかもしれません。学校教育制度の中で受ける教育とはやや性質が異なり，学校を卒業してからも生涯を通して様々なことを学ぶことを生涯学習といいます。生涯学習の中には，個人が何かの知識や技術を得るものだけでなく，地域や国の問題を考えたり動いたりする「市民」として学び，成長していく機会もあります。詳しくは 17 章をお読みいただけるとありがたいです。

――生涯学習には，個々人のよりよい生涯に寄与する側面だけでなく，市民を育成する側面，つまりさきほどの「社会の予備力」の醸成につながるような側面もあるのですね。

月浦 まさにその通りです。日本の各地域では，市区町村や学区などの単位で様々な人や団体によって市民講座や勉強会が組まれています。そしてそのオーガナイズをするのが，社会教育主事という立場の人です。生涯学では石井山さんのアレンジのもと，社会教育主事になるための講習で生涯学の知見や研究のポイントをお話しする試みを始めました。地域の生涯学習の担い手である社会教育主事の方を通して，高齢化が進む現代の日本社会において，「社会の予備力」をつくる役に立てればと考えています。

――そのほか私は，この講習のなかで，不登校の子どもたちへの支援活動をされている方々と知り合いました。不登校の実態を調べるための先駆的なアンケート調査を行うということだったので，調査票の作成をご一緒させていただきました。このような市民活動との協働も，「社会の予備力」を育む社会実装の一つかなと思います。

月浦 社会調査は柴田さんのご専門ですものね。柴田さんには，こども政策について，国会の特別委員会やマスメディアで，生涯学での研究をもとに政策提言をしていただいたりもしています。

　京都大学医学部附属病院婦人科の医師であり医学研究科の研究者でもある江

川美保さん（5章）は，「女性の生涯」を研究テーマとして，PMS や更年期障害といった女性特有の不調を，女性が自身でうまくマネジメントするためのアプリ開発も行っていらっしゃいます。

　そのほか脳科学や心理学の領域からも高齢期に向けた心身の健康維持のヒントがたくさん出てきていて，基礎的な研究とはいえ，いま世の中に役立つ知見も多く発見・提案できたと思います。くわしくは本編を読んでいただければ。

――また，考古学や霊長類学，障害や夢の研究，SF 作品の研究など，多彩で，
　　根源的な問いを含んだ研究分野が含まれているのも生涯学の特徴ですよね。

月浦　はい。公募研究という形で多くの分野から参加していただくことができました。生涯学はまだ誰も規定していない，新たな分野をつくっていこうという学問です。文系の学問，理系の学問を問わず，生涯をできるだけ多面的なアプローチで捉えたいと考えていたので，これだけバリエーションに富んだ研究になったことはとてもうれしく思っています。夢の研究を扱った松田英子さんの 9 章は，まさにそうした多面性を示してくれています。

――ほかにも，若い世代が高齢者との会話をスムーズに進めるためのちょっと
　　したヒントがひそんでいる研究（原田悦子さんと澤田知恭さんの 10 章）や，
　　高齢期に対していいイメージをもっている人ほど長生きする確率が高くな
　　ることを報告した研究（安元佐織さんの 15 章）もあります。ぜひ読んで
　　みていただきたいですね。

生涯にわたる成熟＝「個人の認知予備力」＋「社会の予備力」？

――生涯学では，様々な研究の成果から，生涯を「発達し，のちに衰退するも
　　の」ではなく「成熟していくもの」としてとらえられるのではないか，と
　　いう考えにたどりつきました。ただ，「成熟」と言われると，「認知予備力
　　をたくわえていくこと」をイメージされる方も多いかもしれません。そう
　　いうイメージで十分でしょうか。

月浦　たしかに，認知予備力は成熟の重要な部分ではありますが，すべてではありません。たとえば，加齢によって対人反応が穏やかになっていくことも成熟と呼べると思います。

——木村亮さんの３章でも，非常に興味深い研究が紹介されています。実際の年齢よりも生物学的な加齢が早く進んでしまうウィリアムズ症候群の人は，社交性が強すぎるために対人関係でトラブルが起きることも多いそうです。ただ早い加齢に伴って，強すぎる社交性が穏やかになり，周囲の人から受け入れられやすくなるとのこと。もしかしたら，ウィリアムズ症候群に限らず，加齢に伴って対人反応が穏やかになるという傾向もあるのかもしれない，と期待してしまうような内容でした。

月浦　おそらく加齢と社会性には関係があるだろうと思います。成熟の重要な一側面として今後の生涯学で研究していきたいところです。

——社会性といえば，文化人類学や社会学からみえてきた「社会の予備力」という観点も重要ですね。他者と頼り合う関係性を育んでいくことは，私たちが生涯を通じてできることです。それによって，私たちの「社会の予備力」が，考古学が対象とするような古の時代から，祖父母や親の世代，自分の世代，自分の子どもや孫の世代，さらには SF 作品が対象とするような未来の世代へと引き継がれながら醸成されていく。そういったたくさんの人たちの生涯をつうじた醸成に寄与する一員としても，自分の生涯を生きていく。そのような，個人のなかに閉じない，他者とともに深めていく成熟もあるかもしれませんね。そう考えると，自分の生涯が，もっと奥深い，意義深いものにも思えてきます。そのようにして生涯観が刷新され，人生の見方が変わることもありえますね。

序章　生涯学へようこそ！　　13

「老いずに生きるためのコツ」だけではなく

——最後に，本書の読者の最年少と思われる高校生のみなさんへのメッセージ
　　がありましたら。高齢期のために，今日からすぐに役に立つヒントもあり
　　ましたが。

月浦　そうですね。ただ，この本でいいたいのは，できるだけ老いないように，
本書で推奨されている習慣を守り，模範的な人生を送りましょうということで
は必ずしもないんです。もちろん，参考にしてもらえたらありがたいですが。
　若い世代の方にお届けしたいのは，世の中には「標準」や「定型」にこだわ
らない価値観や，「できない」ことをことさらに目立たせない文化，様々な工
夫によって多様な人同士がうまくやっていく知恵もあるということです。老化
のネガティブな面だけにとらわれず，複数の価値観を知ってもらえたらと思っ
ています。
　もうひとつは，より具体的なことですが，文系・理系の選択についてです。
高校の文理の選択では，大学入試で良い点数をとれる科目が多いほうを，と考
えるのも無理はありません。ただ，大事なのはその後です。「自分は文系人間
だから，自然科学の話はよくわからない（だから知らなくともいい）」とか，
「しょせん君は理系だから，社会の仕組みがわかっていない（文系の自分のほ
うがよく知っている）」などといったレッテル貼りに出会うことも多いでしょう。
けれど人の能力や可能性は，大学入試で文系と理系のどちらかを選択すること
で決まるものではありません。自分がほんとうにやりたいこと，好きなことと
よく向き合って，その先の進路を多様な選択肢の中から選んでもらえたら良い
なあと思います。
　そして，決めたからといって必ずしもずっとその道を歩み続ける必要はない
ことも知っておいてもらえたら嬉しいです。一本道なら人より早く進めるかも
しれませんが，それがベストとも限りません。私自身も大学入試の時には文系
で，学部では教育学を専攻しました。しかし，大学を卒業した後で自分の専門
とする研究分野を選ぶに当たり，医学部の大学院に進学し，脳科学の研究を始

めました。柴田さんも入試では理系として合格して，いまは文系とされる社会学の研究者ですよね。金子さんの文化人類学では，文理がそもそも分けられないことも多い。こんな風に，文理を越えた道を選んでいる研究者はたくさんいます。文系・理系の固定したイメージに縛られずに，長い生涯を主体的に歩んでほしいと思います。

――**本書がわずかなりともその役に立てたら幸いです。高校生や大学生はもちろん，すべての世代にとって発見のある読み物になっていると思います。どうぞ，気になる章，好きな章から読んでみてください。**

（構成：江口絵理）

Lifelong

第1部

「脳・体」から生涯を捉えなおす

Sciences

第 1 部では，生涯を「脳・体」（B：Biological）の面から捉え直します。

第 1 章「年を取ると記憶は悪くなる？」では，加齢の影響によってどのような記憶が低下するのか，加齢による変化があまり認められない記憶はどのようなものなのかについて，脳科学（認知神経科学）の視点から示されます。また，加齢によって低下する記憶であっても，他の要因によってその機能の低下が抑制される場合があることや，加齢によって脳の役割分担が変化することについても，脳科学の知見から説明されます。一口に「記憶」といっても様々なタイプがあり，そのタイプの違いによって加齢の効果が異なり，それは脳の仕組みによってサポートされていることが理解できるでしょう。

第 2 章「脳画像を通してヒトの生涯をみる」では，大量の脳 MRI 画像の解析技術から，ヒトの脳構造が生涯にわたってどのように変化するのか，新型コロナウイルス感染症による社会の変化から与えられたストレスによって，思春期の脳がどのように変化したのかについての研究が紹介されます。「脳は大きい方が良い」と信じられてきた従来の常識は，実は必ずしも正しくないことが本章を通して見えてくると同時に，最先端の脳画像解析の方法論に触れることもできるでしょう。

第 3 章「『加齢』と『老化』の違い」では，誕生してからの時間経過である年齢（暦年齢）ではなく，生物学的年齢から加齢を捉えることの重要性について，生物学的年齢を反映する「DNA メチル化」と呼ばれる「エピジェネティック年齢」に着目した手法が紹介されます。年齢よりも若く見えたり老けて見えたりという個人差があることを私たちは経験上知っていますが，このような個人差にはこの「エピジェネティック年齢」が関与しています。また，この「エピジェネティック年齢」はウィリアムズ症候群と呼ばれる発達障害において，促進されることも示されます。加齢や老化を理解するためには，単純な年齢だけではなく，生物学的な視点を用いたアプローチが大切であることが理解できると思います。

第 4 章「身体活動と脳の健康」では，運動が脳の構造や機能に対してどのような効果を与えるのかが紹介されます。運動が身体の健康に対して良い影響を与えることはよく知られていることですが，実は脳の健康維持に対しても良い効果を与えます。中高年期の運動は，認知機能を向上させることや，記憶に重要とされる海馬の萎縮を抑制することで，「認知症」のリスクを軽減することに関与します。また，子どもの運動は学業成績を向上させることや，海馬の体積を増加させることにつながることも紹介されます。脳も身体の一部ですので，日々の生活の中に運動を取り込むことは，脳の健康維持にも重要であることを知っていただけると思います。

第 5 章「生涯にわたる女性のこころとからだのヘルスケア」では，女性に特有の身体の生涯変化を取り上げます。子どもを産み育てるという女性特有の身体は，思春期から成人期，高齢期へと生涯にわたってダイナミックに変化します。ここでキーとなるのは女性ホルモンの一つである「エストロゲン」であり，このエストロゲンの影響によって月経トラブルや更年期障害が引き起こされ，生活の質の低下の原因にもなります。この「エストロゲン」の影響によるトラブルとうまく付き合い，自分らしい人生を送るための知恵が，本章の中には散りばめられています。

このように，第 1 部の各章では，「脳・体」（B）の生涯変化に対する多彩なアプローチから，私たちの脳や体の生涯変化の不思議さを理解するだけでなく，最先端の科学的方法の進化にも触れていただけると思います。ぜひ気になるトピックからページを開いてみてください。

第1章

年を取ると記憶は悪くなる？
脳からみる記憶の多様性と加齢による変化

月浦　崇

　年を取ると記憶が悪くなると一般的に思われています。しかし，私たちの記憶には様々なタイプがあり，それらがすべて加齢によって同じように影響を受けるわけではありません。また，加齢によって低下する記憶であっても，他の要因との関係によってその低下が抑えられる場合もあります。年齢によって変化する・変化しない記憶について，本章では脳科学（認知神経科学）の観点から考えてみたいと思います。

§1　記憶のタイプによって加齢による影響は異なる

　一口に「記憶」といっても様々なタイプがあり，それぞれの記憶に関連する加齢の効果や基盤となる脳のメカニズムも異なっています。

1　加齢によって低下する記憶

　高齢者において若年成人よりも低下する記憶の一つに，エピソード記憶（出来事記憶）と呼ばれる記憶があります。エピソード記憶とは，私たちが日常生活の中で体験する出来事の記憶のことを指しており，「何をした」という出来事の内容に加えて，「いつ・どこで」のような出来事を体験した際の時間的・空間的な文脈情報が付随した記憶と定義されています（Tulving, 1972）。普段私たちが単に記憶という場合には，このエピソード記憶を指すことが多いと思いますが，このタイプの記憶は加齢によって低下することが知られています（Loaiza, 2024）。エピソード記憶にはいくつかの脳領域が関係しますが，その中で最も重要な脳領域の一つが海馬（図1-1）と呼ばれている領域です。海馬

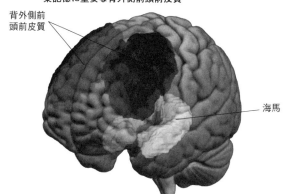

図 1-1 加齢によって低下するエピソード記憶に重要な海馬と作業記憶に重要な背外側前頭前皮質

とはタツノオトシゴのことで、タツノオトシゴに似た形をした脳領域であるため、そのような名前が付けられています。この海馬の機能が加齢によって低下することで、高齢者のエピソード記憶は低下すると考えられています（Tsukiura et al., 2011）。

　加齢によって低下する他のタイプの記憶には、作業記憶（ワーキングメモリ）と呼ばれる記憶があります。作業記憶とは、情報を一時的に保持し、その情報に操作を加えるシステムと定義されています（Baddeley, 1986）。たとえば、授業中に先生の話を聞きながら、必要な情報をノートに書き写す場合などに使われる記憶システムです。先生の話は聴覚情報として届けられるため、それを一時的に保持した上で、その情報に操作を加えることで、文字のような視覚情報へと変換することになります。このように、私たちが何らかの作業をする時に使う記憶システムであるため、作業記憶という名前が付けられています。作業記憶には背外側前頭前皮質（図 1-1）と呼ばれる前頭葉の領域が重要な役割を果たすことが知られており、この領域の機能が加齢によって低下することで、作業記憶が高齢者において低下することが示唆されています（Loaiza, 2024）。

2 加齢によって変化しない記憶

　エピソード記憶や作業記憶は加齢の影響で低下しますが、その一方で加齢に

よってあまり変化することなく，高齢者であっても若年成人と同様あるいはそれ以上の機能が保たれているタイプの記憶もあります。その一つは意味記憶と呼ばれるもので，知識や事実に関する記憶として定義されています（Tulving, 1972）。「亀の甲より年の功」や「おばあちゃんの知恵袋」のような言い方がありますが，意味記憶とは高齢者の方が持っている生活の知恵のようなものも含まれます。意味記憶は，若年成人では左大脳半球の外側下前頭前皮質や後方の側頭葉から下頭頂葉皮質（図 1-2）を中心とする意味記憶の処理に関連する脳領域が関与する一方で，高齢者ではこれらの意味記憶に関係する脳領域の活動は低下し，様々な脳機能に共通に関係するような右大脳半球の前頭葉や頭頂葉の活動が増加することが報告されています（Hoffman & Morcom, 2018）。このように，意味記憶に関連する脳領域が加齢によって変化することによって，意味記憶は高齢者においてもあまり低下することなく維持されるのかもしれません。

　加齢によって変化しない記憶として，手続き記憶と呼ばれる記憶もあります。「熟練の技」や「匠の技」のような言葉がありますが，手続き記憶とは，そのような技（技能）の記憶のことを指します。技能を習得して自分のものにするには，多くの繰り返しの経験（トレーニング）が必要であり，習得するまでには長い時間が必要ですが，一旦手に入れることができた技能は，たとえ長い間使

図 1-2　加齢によって変化しない意味記憶に重要な外側下前頭前皮質・下頭頂葉皮質と手続き記憶に重要な大脳基底核・小脳

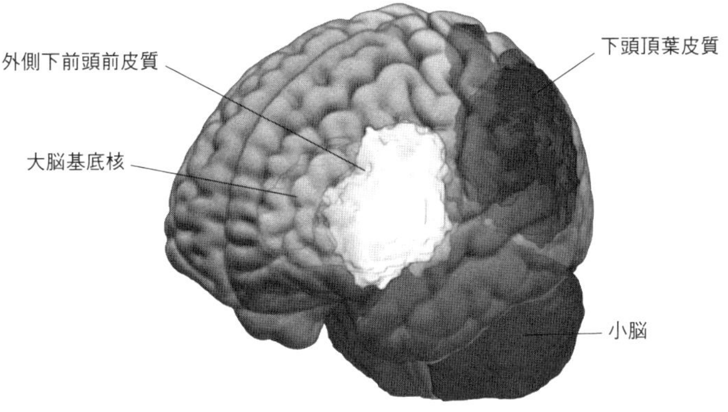

わなくとも忘れることはありません。様々なスポーツに関する技術や楽器の演奏技術なども，手続き記憶に含まれます。熟練と呼ばれる方々には高齢の方も多くいらっしゃるのも，この手続き記憶が加齢の影響を受けにくいタイプの記憶であることが示唆されます。手続き記憶には，大脳基底核や小脳（図1-2）と呼ばれる脳領域が重要であり，手続き記憶に関連するこれらの領域の活動は，高齢者であっても比較的保たれていることが報告されています（Daselaar et al., 2003）。

§2 記憶の促進効果と加齢

　加齢によって低下するエピソード記憶は，他の要因との関係によってその機能が促進される場合があり，そのような促進効果は，高齢者であっても若年成人と同様に認められるものもあります。ここからは，エピソード記憶に対して促進的な影響を与える要因と加齢との関係について説明したいと思います。

1 情動による記憶の促進とポジティビティ効果

　嬉しいことや楽しいこと，悲しいことや嫌なことなど，情動的な出来事の記憶が通常の出来事の記憶と比較して促進されることは，日常的に経験されると思います。そのような情動によるエピソード記憶の促進効果は，高齢者においても若年成人と同様に認められることが，これまでの研究において示されています（Gutchess & Kensinger, 2018）。このような情動による記憶の促進の基盤となる脳メカニズムに関して，扁桃体（図1-3）と呼ばれる脳領域の働きが，高齢者においても比較的保たれていることの重要性が示唆されています（Denburg et al., 2003）。扁桃とはアーモンドのことであり，アーモンドの形に似ている脳領域であることから，扁桃体という名前が付けられています。また，情動記憶において，高齢者は若年成人と比較して情動的にポジティブな出来事に対する効果が大きくなることが知られており，ポジティビティ効果と呼ばれています（Niu et al., 2024）。エピソード記憶における情動の効果が加齢によってどのような影響を受けるのかについては，未だに明らかになっていない点も多いのですが，脳科学の目を通して少しずつその謎が明らかにされつつある

図 1-3　情動記憶に重要な扁桃体と自己参照効果に重要な内側前頭前皮質

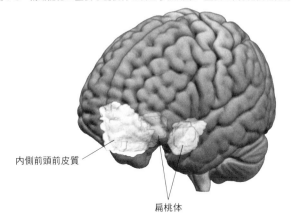

のが現状です。

2 自己参照効果

　自分に関係する記憶は，他人に関係する記憶と比較して正確に記憶されることも，日常的にしばしば経験されると思います。この効果は自己参照効果と呼ばれており，高齢者においても若年成人と同様に認められることが知られています（Gutchess, Kensinger, Yoon, et al., 2007）。この自己参照効果の基盤となる脳メカニズムとして，前頭葉の内側に位置する内側前頭前皮質（図 1-3）と呼ばれる脳領域が重要な役割を果たしており，自己参照効果における内側前頭前皮質の働きは，高齢者においても比較的維持されていることが脳科学の研究から示されています（Gutchess, Kensinger, & Schacter, 2007）。自己参照効果と加齢の関係についても，実際にはまだ多くのことが明らかになっていませんが，脳科学のアプローチから少しずつ研究が進められています。

§3　加齢による脳領域の役割分担の変化

　最後に，記憶を含む様々な脳機能に対する加齢の効果について，脳が全体としてどのように変化する傾向があるのかについて説明したいと思います。脳は

たくさんの異なる構造から構成されていますが，それぞれの脳領域ごとに少し
ずつ異なる役割を持っていることが知られています。このような役割分担のこ
とを脳機能局在といいます。この役割分担を持つ複数の脳領域が関係して（ネ
ットワークとして）機能することで，複雑な心理過程が実現されると考えられ
ています。加齢に伴って脳機能局在による役割分担が明瞭でなくなってくる傾
向があることが知られており，このことは加齢による脱分化と呼ばれています
（Park et al., 2004）。その一方で，高齢者では若年成人と比較してより多くの脳
領域が働くことで脳機能を維持する傾向があることが知られており，このよう
な加齢に伴う脳の使い方の変化は加齢に関する機能代償と呼ばれています
（Reuter-Lorenz & Cappell, 2008）。この脱分化と機能代償は表裏一体の関係に
なっており，脱分化によって特定の脳領域が特定の役割以外にも関与すること
で機能代償が可能になっていると考えることもできます。また，このような機
能代償を効率的に柔軟に使える人と使えない人がいることで，高齢者の脳機能
における個人差が生じていることも示唆されています。高齢者における脳機能
の個人差を生み出す原因に関しては諸説ありますが，ひとつの解釈として，私
たちが日常生活の中で長い年月をかけて積み重ねてきた認知予備力（詳しくは
7章を参照）と呼ばれる能力が，個人差の生成に対して重要な役割を果たして
いることが多くの研究から示されています（Stern, 2002）。

　ヒトの記憶機能の加齢による変化の特徴については，未だに多くの点が明ら
かになっていませんが，これからも脳科学の視点から高齢者の記憶機能の特徴
について，なお一層の理解が進むことが期待されています。

■引用文献

Baddeley, A. D. (1986). *Working Memory*. Oxford University Press.

Daselaar, S. M., Rombouts, S. A., Veltman, D. J., Raaijmakers, J. G., & Jonker, C. (2003).
  Similar network activated by young and old adults during the acquisition of a
  motor sequence. *Neurobiology of Aging, 24*, 1013-1019.

Denburg, N. L., Buchanan, T. W., Tranel, D., & Adolphs, R. (2003). Evidence for
  preserved emotional memory in normal older persons. *Emotion, 3*, 239-253.

Gutchess, A., & Kensinger, E. A. (2018). Shared mechanisms may support mnemonic
  benefits from self-referencing and emotion. *Trends in Cognitive Sciences, 22*, 712-

724.

Gutchess, A. H., Kensinger, E. A., & Schacter, D. L. (2007). Aging, self-referencing, and medial prefrontal cortex. *Socail Neuroscience, 2*, 117-133.

Gutchess, A. H., Kensinger, E. A., Yoon, C., & Schacter, D. L. (2007). Ageing and the self-reference effect in memory. *Memory, 15*, 822-837.

Hoffman, P., & Morcom, A. M. (2018). Age-related changes in the neural networks supporting semantic cognition: A meta-analysis of 47 functional neuroimaging studies. *Neuroscience and Biobehavioral Reviews, 84*, 134-150.

Loaiza, V. M. (2024). An overview of the hallmarks of cognitive aging. *Current Opinion in Psychology, 56*, 101784.

Niu, X., Utayde, M. F., Sanders, K. E. G., Denis, D., Kensinger, E. A., & Payne, J. D. (2024). Age-related positivity effect in emotional memory consolidation from middle age to late adulthood. *Frontiers in Behavioral Neuroscience, 18*, 1342589.

Park, D. C., Polk, T. A., Park, R., Minear, M., Savage, A., & Smith, M. R. (2004). Aging reduces neural specialization in ventral visual cortex. *Proceedings of the National Academy of Sciences of the United States of America, 101*, 13091-13095.

Reuter-Lorenz, P. A., & Cappell, K. A. (2008). Neurocognitive aging and the compensation hypothesis. *Current Directions in Psychological Science, 17*, 177-182.

Stern, Y. (2002). What is cognitive reserve? Theory and research application of the reserve concept. *Journal of the International Neuropsychological Society, 8*, 448-460.

Tsukiura, T., Sekiguchi, A., Yomogida, Y., Nakagawa, S., Shigemune, Y., Kambara, T., et al. (2011). Effects of aging on hippocampal and anterior temporal activations during successful retrieval of memory for face-name associations. *Journal of Cognitive Neuroscience, 23*, 200-213.

Tulving, E. (1972). Episodic and semantic memory. In E. Tulving & W. Donaldson (Eds.), *Organization of Memory* (pp. 381-403). Academic Press.

第**2**章
脳画像を通してヒトの生涯をみる

小池進介

§1 脳の生涯をみる

1 脳を観察するのは難しい

1) ヒトの心は脳にあるの？

　「人間の心はどこにあるのか」という問いは，古くから議論されてきました。日本では，文字通り「心臓」にあると広く考えられていましたが，ほかの文化圏や時代によって，異なる臓器にあるとも信じられていたようです。「人間の心は脳にある」という説明をみなさんはどこまですんなりと受け入れられるでしょうか。古くから人は，見聞きしたり，話したり，身体を動かす機能が，脳にあることは理解していたようです。しかし，これらを制御する感情や意思など，ヒトが人間らしく振舞う高次機能については，究極的には脳にはない，という考えもありました。

　こうした議論が長く続いた理由の一つに，ヒトの脳を生きたまま，直接観察することがとても難しいから，というのがあります。ヒトの脳は，全体を頭蓋骨でおおわれており，脳で何かが起こっても，外見上変化がみえづらいです。また，脳はほかの臓器と違い，部位によって機能分化が進んでいることから，一部を切り取ってくると，その脳が担う機能がなくなってしまうことになります。そのためどうしても，亡くなった方の脳を観察する，程度が限界でした。

2) 磁気共鳴画像（MRI）装置の登場

　みなさんはこれまで，病院でコンピュータ断層撮影（CT）や磁気共鳴画像

（MRI）の検査を受けたことがあるでしょうか。けがをしたときや，病気をしたとき，受けたことがある人が多いと思います。普通とは違う重い扉を開けると，真ん中に大きな輪のある機械があり，そこに撮りたい部位をくぐらせると（正確には機械の台が動く），その部位が３Ｄでわかるというものです。CTとMRI，どちらも似た装置にみえますが，CTはレントゲン撮像と仕組みは似ていて，放射線を用います。MRIは強力な電磁石（冷蔵庫についているマグネットの数千倍）の磁力を用いて内部の構造を観察することができます。CTとMRIどちらも利点，欠点はあります。脳は複雑な構造をしていますが，心臓や肺のように動いたりはしないので，計測に数分程度かかりますが１mm単位で三次元構造を観察できるMRIが研究には広く用いられています。またMRIは，秒単位のゆっくりした脳活動も計測することができ，特定の課題を行っているときの脳機能の場所や程度をみることができます。

　世界で初めてヒト脳をMRIで観察したのが1978年といわれており，その後，ヒトの診療や研究で幅広く用いられるようになりました。脳MRI研究はこの40年余りの間に，ヒトの脳構造や機能について，いろいろなことを明らかにしてきました。

2 脳の変化は生涯つづく

1）脳MRIは多量のデータを自動解析する時代

　MRI検査が診療でも研究でも広く用いられるようになり，質・量ともに飛躍的に増大しました。MRI装置から得られる画像そのものはデジタル化されていますので，みなさんのスマートフォンに入っているデジタル写真と同様に，簡単に共有することができます。そのため最近では，データ共有の同意が得られた研究参加者の脳画像については，世界中で広く共有され，大規模に解析されるようになってきました。また，学生でも取り扱うことができる脳画像も多数あり，脳画像解析を学べる授業も大学によっては選べるようになりました（東京大学，2024）。

　大規模な脳画像解析を支えているのは，コンピュータの発展です。2000年代に，脳の複雑な三次元構造を解析できるソフトウェアがいくつも発表されましたが，当時は中央演算処理装置（CPU）の処理速度が十分でなく，一人の脳画

像に1日以上かかることもありました。現在では，マルチコアCPUや画像処理用演算装置（GPU）による並列処理が一般的で，同様の解析でも100分の1程度まで時間を短縮することができます。余裕が出た時間で，さらに高度な解析も可能になりました。

このように，脳画像研究は近年，質・量ともに飛躍的に発展していて，脳画像解析学，という分野も一般的になりました。

2）脳MRI研究でわかった脳の変化

年を取ると脳が萎縮する，頭がいい人は脳のしわが多い，などがよくいわれています。2022年に世界各国から得られた10万人以上の脳画像解析結果が公表されました（Bethlehem et al., 2022）。この研究では，生まれる前の胎児，つまり妊婦さんのお腹を撮った脳画像から100歳の脳画像まで解析されました。その結果，神経細胞が集まっている灰白質の体積は，高齢者よりはるか前，6歳頃が最も大きく，小学校に入る頃からすでに減少に転じていることがわかりました（図2-1a, b）。つまり，みなさんが学校に入って，頭もよくなって，いろんなことができる頃から，すでに脳は小さくなり始めるのでした。

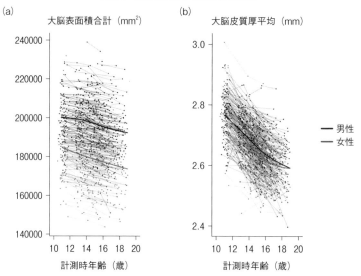

図2-1　思春期における脳構造の変化

第 2 章　脳画像を通してヒトの生涯をみる　　27

§2 ストレスで脳はどう変化するのか

1 ストレスは脳に大きな影響を与える

　ストレスには様々な定義がありますが，ここでは外的に与えられる心理的な
ストレスのことを述べます。このストレス反応は大きく急性と慢性に分けられ，
いずれもヒトの行動に影響を与えますが，ストレスを感知するのも，それに応
じた行動を起こすのも脳が担っています。つまり，ストレスは脳に影響を与え
て，脳の構造や機能を変化させ，行動が変化します。

　脳 MRI 研究でもストレスと関連付けた研究が行われてきました。大きく分
けて，ストレス反応の個人差の研究，反応が大きく出る不安障害などの疾患研
究も含まれます。そして大きなストレスが与えられたときにヒトの脳がどのよ
うな変化を起こすのかという研究もあります。

　これまでのヒト脳 MRI 研究や動物実験で，大きなストレスが与えられると
脳部位の中でも海馬や扁桃体と呼ばれる部分の構造や機能が変化しやすいこと
がわかっています。海馬は短期記憶，つまり新たに与えられた情報を記憶する
中枢で，ヒトでは大脳の中にくるまれた内部に左右あります（1 章図 1-1 参照）。
扁桃体は不安や恐怖などの情動の中枢で，ヒトでは海馬の前方に隣接していま
す（1 章図 1-3 参照）。

　生まれたあとは神経細胞は増えない，ということを聞いたことがあるかもし
れません。海馬はその例外で，ほかの体細胞と同様に細胞分裂によって神経細
胞が増えるニューロン新生が起こっていることがわかっています。ニューロン
新生の制御を扁桃体が行っており，ストレスによって阻害されることもわかっ
ています。これがストレス反応によって海馬体積が減少し，ストレスが解除さ
れると徐々に回復することの理由と推測されています。

2 新型コロナウイルス感染症（COVID–19）の緊急事態宣言が思春期の海馬
に与えた影響

1）ヒト脳でストレスの影響をみるのは難しい

　2020 年に突如として始まった新型コロナウイルス感染症（COVID-19）は世

28 第1部 「脳・体」から生涯を捉えなおす

界中の人々に大きな影響を与えました。日本においても緊急事態宣言が何度も発令され，特に最初の緊急事態宣言では，学校や職場が閉鎖され，これまで経験したことのない影響を受けました。緊急事態宣言によって普段当たり前のようにできたことができなくなり，多くの人がストレスを感じたのではと思います。ではこの緊急事態宣言によって，海馬体積はどうなったのでしょうか。動物実験であれば最初に，実験前の動物の海馬を何らかの方法で観察して，その後に強いストレスを与える群とそのまま飼育する群に分け，再度海馬を観察してその変化の違いを解析する，という方法が一般的です。しかしヒトではこのような実験的環境を取ることが困難です。さらに，ヒト思春期では海馬も年齢とともに変化しており，得られた結果がストレスによるものなのか，通常の脳発達によるものなのか，判別が難しくなります。

2) コホート研究で緊急事態宣言に関連したストレスの影響をみる

　東京ティーンコホート（Tokyo TEEN Cohort；TTC）は，2002 年から 2004 年に生まれ，2012 年時点で東京都の 3 市区に在住のお子様 3,000 名以上を対象にした追跡調査です（Ando et al., 2019）。2 年に一回，質問紙や身体計測，心理実験など，様々なデータを取得しています。その中の一部のお子様 400 名以上に，脳 MRI 計測などの生体情報を取らせていただく population-neuroscience TTC（pn-TTC）プロジェクトを行っています（小池，2015，2020；小池ら，2023；Okada et al., 2019）。こちらの詳細は，リーフレットや YouTube にまとめていますので，もしご興味があればご覧ください[1]。

　pn-TTC の計測も緊急事態宣言によって何度か中断を余儀なくされました。研究参加者の多くが高校 1，2 年生のときにあたります。特に第一回緊急事態宣言では，3 ヶ月あまり計測ができませんでした。しかし pn-TTC では COVID-19 以前より脳 MRI 計測を行っていたため，思春期発達の中でこのような緊急事態宣言の影響を推定することができます（Cai et al., 2024）。そこでまず，思春期における海馬変化を全体のデータで求めました（図 2-2）。次に，海馬の変化はストレスから解放されれば，つまりここでは緊急事態宣言が終わ

　1）　詳細はこちらのホームページからご確認ください。https://klab.c.u-tokyo.ac.jp/

れば徐々にその影響が消えると仮定して、緊急事態宣言の影響が1年かけてなくなるというモデルを立てました（図2-3）。こうすることで、思春期における海馬変化の中で、緊急事態宣言がどう影響しているのかを解析することができます。

結果は意外なことに、緊急事態宣言によって思春期の方の海馬はむしろ大きくなっていました（図2-4a, b）。海馬が大きくなっているということは、緊急事態宣言によってむしろストレスが減った、ということを示唆しています。そこで、pn-TTCの参加者の方のさらに一部の方に、COVID-19前よりうつ症状のアンケートを毎月お願いしており、その解析を行いました。すると、緊急事態宣言中にうつ症状得点はむしろ減少していることがわかりました（図2-5）。

こうした結果から、やはり緊急事態宣言のような大きな出来事はヒトの脳に影響を与えることがわかりました。ただし、その出来事が心理的に悪いと決めつけるのは危険で、これまで置かれた環境によってはむしろ良い方向に向かっている可能性があることも示唆しています。もちろんこのまま学校がない、というのは他に様々な悪影響を生みだすことを想像しますが、少なくと

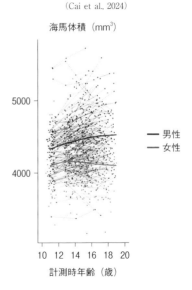

図2-2　思春期における海馬体積の変化
（Cai et al., 2024）

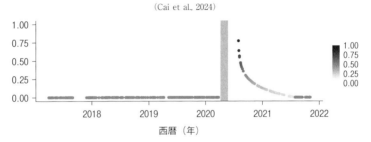

図2-3　緊急事態宣言が与えた影響の数理モデル
（Cai et al., 2024）

図2-4 緊急事態宣言後1年以内の計測の有無による海馬体積変化の違い（男性のみ）
(Cai et al., 2024)

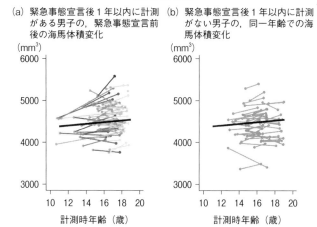

太い直線は（a）と（b）を合わせた全体の平均値。これを基準に見ると，（b）よりも（a）の方が，より「右上がり」の線が多いことがわかる。

なお（a）は緊急事態宣言後1年以内の計測データと，同一人物の直前のデータとの変化を検討したもの，（b）は（a）と同一の年齢層で，緊急事態宣言前に計測したデータと，同一人物のその直前のデータの変化を検討したものである。計測は2年おきに行っている。

図2-5 緊急事態宣言前後のうつ症状の推移
(Cai et al., 2024)

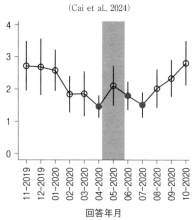

第2章　脳画像を通してヒトの生涯をみる　　31

も現代の高校生が受けている心理的ストレスの影響の一部が明らかになったのではと考えています。

§3 脳が大きいことは良いこと？

　ここまで，ヒト脳を観察する MRI 研究の進歩と，その応用例を述べてきました。その結果，これまで信じられてきた「脳が大きいことは良いこと」という概念が崩れつつあります。この影響が大きかったのが，心の問題，すなわち精神疾患の研究です。これまでほとんどの精神疾患研究は，精神疾患を持っている人の脳体積が小さい，という結果でした（小池，2023）。しかし，これまでの研究で得られた精神疾患による差より，年齢が 10 歳変わることによる変化のほうが大きいことがわかり（ENIGMA Clinical High Risk for Psychosis Working Group et al., 2021），現在，発達や加齢の影響を考慮した解析手法（ENIGMA Clinical High Risk for Psychosis Working Group et al., 2024; Zhu et al., 2024）が世界中で開発されようとしています。

　この研究の進展は脳 MRI 研究全体にいえることです。生涯にわたる脳の変化を抽出したうえで，それ以外の影響を解析する必要があります。そのためには，何千という大規模データ，膨大なデータを適切に速く解析するコンピュータ群，得られた結果から発達や加齢の複雑な変化を表現する高度統計手法など，様々な領域の専門家が結集して研究を進める必要があります（小池ら，2022）。

　今後，ヒト脳 MRI 研究はさらに進歩して，個人差も高い精度でわかるようになるでしょう。今回紹介した海馬体積の変化についても，いまのところその原因や影響を個人に当てはめることはできません。今後，自分の脳の健康状態や，生活習慣を変えたことで脳の状態が変化したかをチェックできるようになるでしょう。健康診断のように，自分の脳状態を日常的に確認する未来があるかもしれません。

■引用文献

Ando, S., Nishida, A., Yamasaki, S., Koike, S., Morimoto, Y., Hoshino A, …Kasai, K.

(2019). Cohort profile: The Tokyo Teen Cohort study (TTC). *International Journal of Epidemiology, 48*, 1414-1414g.

Bethlehem, R. A. I., Seidlitz, J., White, S. R., Vogel, J. W., Anderson, K. M., Adamson, C., … Alexander-Bloch, A. F. (2022). Brain charts for the human lifespan. *Nature, 604*, 525-533.

Cai, L., Maikusa, N., Zhu, Y., Nishida, A., Ando, S., Okada, N., …Koike, S. (2024). Hippocampal structures among Japanese adolescents before and after the COVID-19 pandemic. *JAMA Network Open, 7*: e2355292.

ENIGMA Clinical High Risk for Psychosis Working Group, Allen, P., Baldwin, H., Bartholomeusz, C. F., Chee, M. W., Chen, X., …Frangou, S. (2024). Normative modeling of brain morphometry in clinical high risk for psychosis. *JAMA Psychiatry, 81*, 77-88.

ENIGMA Clinical High Risk for Psychosis Working Group, Jalbrzikowski, M., Hayes, R. A., Wood, S. J., Nordholm, D., Zhou, J. H., …Hernaus, D. (2021). Association of structural magnetic resonance imaging measures with psychosis onset in individuals at clinical high risk for developing psychosis: An ENIGMA Working Group mega-analysis. *JAMA Psychiatry, 78*, 753-766.

小池進介 (2015). 脳の思春期発達　長谷川寿一（監修）笠井清登・藤井直敬・福田正人・長谷川眞理子（編）　思春期学（pp. 131-144）東京大学出版会

小池進介 (2020). AYA 脳画像コホートで期待される AYA 脳発達と行動特徴の関連解明　笠井清登・岡ノ谷一夫・能智正博・福田正人（編）　人生行動科学としての思春期学（pp. 97-109）　東京大学出版会

小池進介 (2023). 脳画像による機械学習解析を臨床現場に応用するために必要なこと　日本生物学的精神医学会誌, *34*, 19-23.

小池進介・岡田直大・安藤俊太郎・笠井清登 (2023). 思春期コホートの階層性データベース構築　生体の科学, *74*, 152-157.

小池進介・田中沙織・林　拓也 (2022). 国際脳ヒト脳 MRI 研究プロジェクトによる精神疾患の病態解明　*Brain and Nerve, 74*, 285-290.

Okada, N., Ando, S., Sanada, M., Hirata‐Mogi, S., Iijima, Y., Sugiyama, H., …Kasai, K. (2019). Population‐neuroscience study of the Tokyo TEEN Cohort (pn‐TTC): Cohort longitudinal study to explore the neurobiological substrates of adolescent psychological and behavioral development. *Psychiatry and Clinical Neurosciences, 73*, 231-242.

東京大学 (2024). 東京大学授業カタログ 2024 年度版　Available from https://catalog.he.u-tokyo.ac.jp/detail?code=08X4002021&year=2024

Zhu, Y., Maikusa, N., Radua, J., Sämann, P. G., Fusar-Poli, P., Agartz, I., … ENIGMA Clinical High Risk for Psychosis Working Group (2024). Using brain structural neuroimaging measures to predict psychosis onset for individuals at clinical high-risk. *Molecular Psychiatry, 29*, 1465-1477.

第3章
「加齢」と「老化」の違い
神経発達症の研究でわかってきたこと

木村 亮

みなさんは，見た目や年齢で人を判断する「ルッキズム」や「エイジズム」に関する話題を耳にしたことがあるかと思います。そのような観点からの差別は，もちろん許容できるものではありません。一方で近年，老化の本質を捉えようとする研究が注目を集めています。そこで本章では，容姿や年齢を議論する場合，配慮すべき点があることを理解した上で，加齢や老化現象について掘り下げて考えてみたいと思います。

§1 「老いる」と「老ける」は，似て非なり

みなさんの周りにも，年齢が同じなのに老けているようにみえる方，若々しくみえる方がいるかと思います。ただ人が受ける印象は同じではないため，実際に老けているかのか，若々しいのか，どうやって判断したらいいのでしょうか。

一般に，加齢（＝老いる）とは単に年を重ねることを指し，みなが一様に年を重ねていきます。このように，生まれてからの時間で定められた年齢を「暦年齢」といいます。暦年齢によって規定される「老いる」に対して，「老ける」とは暦年齢よりも年齢が進んでみえることを示唆しています。

したがって，似たような言葉ではあるのですが，意味は大きく異なります。老けているとか若々しいといった印象は，個人の老化の程度を反映しており，個人差が大きいです。これは人の発達・成長の過程で，遺伝や様々な環境の影響を受けるために，このような個人差が生じると考えられています。従来からの「暦年齢」に対して，このような個人の老化の程度を反映した年齢は「生物

図 3-1 「暦年齢」と「生物学的年齢」との関係

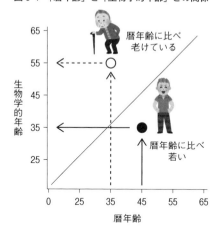

学的年齢」と呼ばれます（図 3-1）。

§2 老化の程度を知るには？

　年を重ねると，体型の変化に加え，白髪や薄毛，肌のしみやしわ，たるみなどが見られるようになってきます。このような老化の程度を，客観的に捉えるにはどうすればいいのでしょうか。そこで，個人の老化の程度を反映した「生物学的年齢」を調べ，老化の指標とするアイデアが生まれました。これまでに「生物学的年齢」を推定する様々な手法が開発されてきました。その代表的なものの一つが，テロメア長測定といって，細胞分裂に伴ってテロメア（染色体の端の部分）の長さが短くなることを用いて老化の程度を推測する方法です。さらに近年，DNA のメチル化を調べることで，より正確に「生物学的年齢」を推測することができることがわかってきました。

　老化や栄養，ストレスなど環境の影響で，DNA の塩基配列（ゲノム）を変えることなく，ゲノムに様々な修飾が加わり遺伝子のはたらきが決まる仕組みをエピゲノムといいます。その修飾因子のひとつが DNA メチル化で，DNA 中のシトシンにメチル基が付加されることにより生じます。この DNA メチル化を基に推定した生物学的年齢は「エピジェネティック年齢」と呼ばれ，エピ

ジェネティック年齢を算出する手法を「エピジェネティック時計」といいます。米国カリフォルニア大学のホバース教授らが最初のエピジェネティック時計である Horvarth's pan tissue clock を 2013 年に発表し，以降，PhenoAge や GrimAge など様々な改良版が報告されてきました（Horvarth et al., 2018）。

　では実際，どうすればこのエピジェネティック年齢を調べることができるのでしょうか。具体的な方法を簡単に説明します。①研究参加者から得た末梢血や唾液などから DNA を抽出，②DNA のメチル化が生じている部位やその程度を機器（DNA メチル化アレイとスキャナー）を用いて網羅的に測定，③PC を使ってエピジェネティック時計解析を実施，その結果，数学的モデルに基づきエピジェネティック年齢が算出されます。

　人は成人期以降，少しずつ身体的・精神的な機能が低下していきますが，その速度は人によって異なります。この生物学的年齢を測定する技術「エピジェネティック時計」を活用することで，暦年齢では難しかった機能的な能力の評価が期待されます。

§3 神経発達症の加齢と老化について

　ここからは，エピジェネティック時計を使った生物学的年齢を調べる研究をご紹介していきます。みなさんは，神経発達症（発達障害）という病気をご存じでしょうか。自閉スペクトラム症（ASD）は，「対人関係や社会的コミュニケーションの困難さ」「強いこだわりや感覚の過敏さ」を特徴とする代表的な神経発達症です。特に米国では子ども 36 人に 1 人が ASD と診断されるなど，増加傾向が続いています。ASD は，3 歳頃までにその特徴が現れるため，幼少期に診断されることが多いです。その一方で，成長に伴って ASD 患者の症状がどのように推移するのかはよくわかっていません。対人関係の構築が苦手で社会性が低いことから，社会から孤立した生活環境が予想され，老化への影響が懸念されます。しかし，老化が進みやすいかどうかはわかっていません。そこで筆者らは，ASD の成人患者では老化が進んでいるのか，血液を用いて「エピジェネティック年齢」を調べました（Okazaki et al., 2022a）。その結果，ASD 患者ではエピジェネティック年齢（＝生物学的年齢）の有意な促進（老化

図 3-2 エピジェネティック時計解析の結果（ASD 患者 vs 健常群）
(Okazaki et al., 2022)

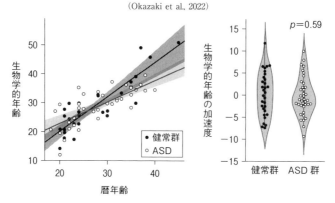

図 3-3 ASD 群の年齢と社会性の重症度
(Hirai et al., 2022)

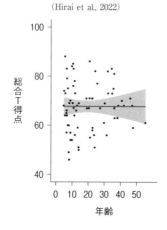

の促進）はみられませんでした（図 3-2）。さらに，社会性の障害の程度が年齢に応じてどのように変化するかについて，SRS-2 対人応答性尺度を用いて調べました（Hirai et al., 2022）。その結果は，ASD 群では，年齢にかかわらず，重症度は一定というものでした（図 3-3）。もっと多くの研究参加者を集めた研究で検証する必要はありますが，本結果は ASD 特性が後天的に変化しにくいことを示唆しています。

　ASD は，遺伝と環境の双方が病態に関わっており，その診断も問診や行動

評価を基にしているため，極めて異質性が高いです。そこで私たちは，ASDに比べて遺伝的な背景が明確で，ASDとは真逆のカクテルパーティー様といわれる陽気で多弁な，高い社交性を呈するウィリアムズ症候群（WS）という希少疾患に着目しました。WSは，約1万人に1人にみられる疾患で，7番染色体長腕の片側にある約27個の遺伝子が失われ生じます。その症状は多彩で，特徴的な妖精様顔貌，大動脈弁上狭窄などの心血管障害，視空間認知障害や知的障害，不安や抑うつ，糖尿病や高血圧などを呈します。興味深いことに，

図3-4　エピジェネティック時計解析の結果（WS患者 vs 健常群）
（Okazaki et al., 2022）

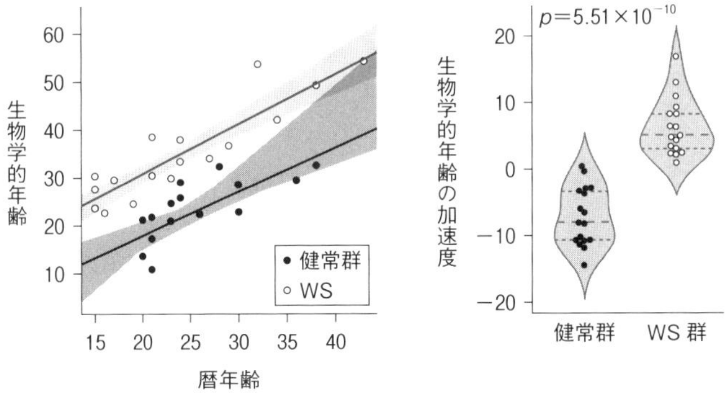

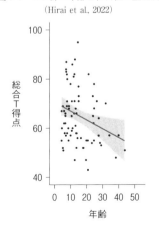

図3-5　WS群の年齢と社会性の重症度
（Hirai et al., 2022）

WS 患者では，30 代から白髪がみられるなど年齢より老けてみえる方が多いです（Kozel et al., 2014）。しかし，WS 患者で実際に老化が進んでいるのか，また加齢に応じて症状がどのように変化するかは，わかっていませんでした。そこで筆者らは，WS 患者の血液を用いて「エピジェネティック年齢」を調べました（Okazaki et al., 2022b）。その結果，WS 患者ではエピジェネティック年齢（＝生物学的年齢）が有意に促進（老化の促進）していることが明らかになりました（図 3-4）。さらに，ASD と同様，社会性の障害の程度が年齢に応じてどのように変化するかについて，SRS-2 対人応答性尺度を用いて調べました（Hirai et al., 2022）。その結果，WS 群では，年齢が高いほど重症度が軽減していました（図 3-5）。これらの結果は，臨床現場で感じた印象に合致するものであり，「生物学的年齢」を用いて社会性や認知機能などを評価し，支援に活用できる可能性を示唆しています。

§4 エピジェネティック年齢を用いた研究の課題

　以上，加齢と老化，老化の程度の評価方法を説明し，具体例として神経発達症を取り上げました。エピジェネティック時計によって推定されたエピジェネティック年齢（生物学的年齢）という概念は，非常に魅力的なアイデアです。特に，老化を遅らせたり，止めようとする研究に取り組んでいる人たちにとって，生物学的年齢は効果を評価するための有用な指標として期待されています。実際，近年このエピジェネティック年齢を下げる（若返る）ことを指標に，新たなアンチエイジング介入法を開発しようとする研究が注目を集めています（Drew et al., 2022）。

　その一方で，いくつかの疑問も投げかけられています。介入によってエピジェネティック年齢が下がった（若返る）場合，加齢に関連した病気になる可能性が本当に低くなるかは，まだわかっていません。また，エピジェネティック時計は，機械学習アルゴリズムによってエピジェネティック年齢を推定しているだけで，実際に生体内のどのような機能を反映しているのかはわかっていません。さらに，メチル化が老化の真の原因なのかどうかも調べる必要があります。このような多くの疑問に答えていく研究を積み重ねていくことで，加齢や

老化に関する知見がより深まることが期待されます。

■引用文献

Horvath, S., & Raj, K.（2018）. DNA methylation-based biomarkers and the epigenetic clock theory of ageing. *Nature Reviews Genetics, 19*, 371-384.

Okazaki, S., Kimura, R., Otsuka, I., Funabiki Y., Murai T., & Hishimoto, A.（2022）. Epigenetic clock analysis and increased plasminogen activator inhibitor-1 in highfunctioning autism spectrum disorder. *Plos One, 17*（2）, e0263478.

Hirai, M., Asada, K., Kato, T., Ikeda, T., Hakuno, Y., Ikeda, A., … Kimura, R.（2022）. Comparison of the Social Responsiveness Scale-2 among individuals with autism spectrum disorder and Williams syndrome in Japan. *Journal of Autism and Developmental Disorders, 54*, 3176-3184.

Kozel, B. A., Bayliss, S. J., Berk, D. R., Waxler, J. L., Knutsen, R. H., Danback, J. R., & Pober, B. R.（2014）. Skin findings in Williams syndrome. *American Journal of Medical Genetics Part A, 164A*, 2217-2225.

Okazaki, S., Kimura, R., Otsuka, I., Tomiwa, K., Funabiki, Y., Hagiwara, M., Murai, T., & Hishimoto, A.（2022）. Epigenetic aging in Williams syndrome. *Journal of Child Psychology and Psychiatry, 63*, 1553-1562.

Drew, L.（2022）. Turning back time with epigenetic clocks. *Nature, 601*（7893）, S20-S22.

第4章
身体活動と脳の健康

石原　暢

B

　幸せな生涯を送る上で，心身ともに健康でいることは重要です。身体活動には，筋力や持久力の向上，心血管疾患や2型糖尿病などの生活習慣病の予防といった，身体を健康にする効果があることが広く知られています。それでは，身体活動は脳の健康にどのような効果があるのでしょうか。本章では，脳に対する身体活動の効果について紹介します。

§1　運動不足に陥る人々

　本題に入る前に，人々の身体活動の現状についてみていきましょう。「身体活動」とは，エネルギー消費を伴う骨格筋収縮による身体の動きすべてのことを指します。身体活動には計画的・意図的に実施する運動だけでなく，家事や通勤・通学など，日常生活に必要な活動も含まれます。世界保健機関の定めるガイドライン（Bull et al., 2020）では，健康のために必要な身体活動量の推奨値が定められています。そのガイドラインによると，18歳以上の成人の場合，1週間に中強度の身体活動を少なくとも150〜300分，または高強度の身体活動を少なくとも75〜150分行うことが推奨されています。5〜17歳の子どもと青少年では，1日平均60分以上の中高強度の身体活動を行うことが推奨されています。

　では，この基準を満たしていない人は世界でどのくらいいるのでしょうか。2018年の報告によると，成人の27.5%がこの基準を満たしておらず，日本を含む高所得国では36.8%と高い値となっています（Guthold et al., 2018）。また，11〜17歳の子どもの身体活動を調べた2020年の調査では，81.0%が基準を満

第 4 章　身体活動と脳の健康　41

たしていないことが報告されています（Guthold et al., 2020）。子どもに関して
は，所得レベルによる違いは大きくないようです。このように身体不活動なラ
イフスタイルが蔓延している現状を踏まえると，身体活動が人々の脳に対して
どのような影響を与えるのかについて理解を深めることは重要です。

§2　中高齢期の身体活動と脳の健康

1　身体活動は認知症発症リスクを減らす

　中高齢期の脳の健康と聞くと，「認知症」というキーワードが思い浮かぶ方
が多いのではないでしょうか。ここでは，身体活動と認知症発症リスクの関係
を調べた研究を紹介します。

　78,430 人の中高齢者（40〜79 歳）をおよそ 7 年間追跡調査し，身体活動と認
知症発症リスクの関係を調べた研究があります（del Pozo Cruz et al., 2022）。
追跡期間中に，866 人が認知症を発症しました。ウェアラブルデバイスを用い
て計測された歩数と認知症発症リスクの関係を調べると，歩数が増えるにつれ
て認知症発症リスクが低下し，1 日あたり 9,826 歩で最も大きな効果（51％の
リスク減）が得られることがわかりました。また，歩く速度が速い（強度が高
い）ほど効果が大きく，1 分間に 112 歩のペースが最も効果（62％のリスク
減）があることがわかりました。上述の世界保健機関のガイドラインの基準を
満たしていると，認知症発症リスクが 40％程度低下するという報告もありま
す（Lopez-Ortiz et al., 2023）。

2　身体活動は中高齢期の認知機能を維持・増進させる

　中高齢期には，健常な範囲内でも記憶や注意力などの認知機能の低下がみら
れます。身体活動が認知症発症リスクの低下と関わることはわかりましたが，
身体活動は健康な中高齢者の認知機能を維持・増進させることはできるのでし
ょうか。ここでは，健康な中高齢者の認知機能に対する身体活動の効果を調べ
た研究を紹介します。

　クレイマーら（Kramer et al., 1999）は，124 名の中高齢者（60〜75 歳）を
ウォーキングを実施する群とストレッチを実施する群に無作為に分け，週に 3

42 第1部 「脳・体」から生涯を捉えなおす

回, 1回あたり40分の運動介入を6ヶ月間行いました。その前後で認知機能を評価し, 群間で比較を行いました。その結果, ウォーキングによって認知機能が向上し, ストレッチでは変化が認められないことがわかりました。その後の研究から, ウォーキングのような有酸素運動だけでなく, 筋力トレーニングや太極拳などの運動でも, 認知機能が向上することがわかっています (Northey et al., 2018)。また, その効果は身体活動の強度が高く, 1回あたりの実施時間や継続期間が長いほど大きくなるようです (Northey et al., 2018)。

3 身体活動は加齢に伴う脳の萎縮を抑える

身体活動が認知機能を向上させるのであれば, 脳に何らかの変化が起こっていることが予想されます。ここでは, 脳の構造を非侵襲的に計測する代表的な手法である磁気共鳴画像法 (MRI) を用い, 身体活動と脳の関係を調べた研究を紹介します。

エリクソンら (Erickson et al., 2011) は, 120名の中高齢者 (55〜80歳) をウォーキングを実施する群とストレッチを実施する群に分け, 週に3回, 1回あたり40分の運動介入を1年間行いました。その前後でMRIを用いた脳画像の撮像と記憶機能の評価を行い, 群間で比較しました。ウォーキングを行った群は記憶を司る海馬と呼ばれる脳部位 (図1-1 (p. 18) 参照) の体積がおよそ2％増加し (左の海馬：2.12％, 右の海馬：1.97％), 海馬が大きくなった人ほど記憶機能が向上していることがわかりました (図4-1)。一方で, ストレッチを行った群の海馬の体積はおよそ1.4％減少 (左の海馬：1.40％, 右の海馬：1.43％) していました (図4-1)。通常, 加齢に伴って脳の萎縮が進むため, このストレッチ群の変化は通常の加齢プロセスを反映していると考えられます。また, 海馬が大きくなった人ほど持久力も向上していたことから (図4-1), 持久力を向上させるだけの強度, 頻度, 時間で身体活動を行うのが効果的であると考えられます。

今回は海馬と記憶機能に着目した研究を例として取り上げましたが, その他の脳部位の体積や認知機能についても, 身体活動によって変化したことを報告した研究が多数存在します (Stillman et al., 2020)。

図 4-1　運動介入が海馬の体積と記憶機能に与える影響（Erickson et al., 2011 より改変）

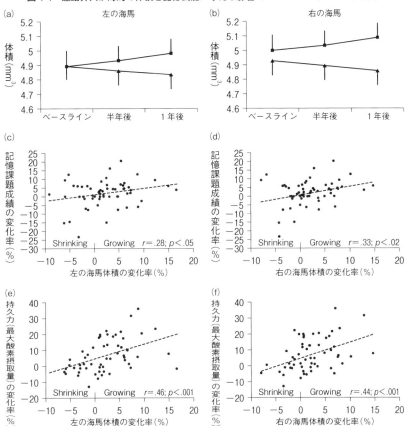

(a)(b) 左右の海馬体積の経時的変化。(c)(d) 海馬体積の変化と記憶課題成績の変化の関係。
(e)(f) 海馬体積の変化と持久力の変化の関係。
ウォーキングを行った群（■）は海馬の体積がおよそ2％増加し，ストレッチを行った群（▲）は海馬の体積がおよそ1.4％減少した（a）(b)。海馬の体積が増加した人ほど記憶機能も向上していた（c）(d)。海馬の体積が増加していた人ほど持久力が向上していた（e）(f)。

§3　子どもの身体活動と脳の健康

1　身体活動は認知機能の発達を促す

　中高齢者を対象とした研究に続いて，子どもを対象にした研究も行われてき

ました。ヒルマンら（Hillman et al., 2014）は，8〜9歳の子ども121名を運動介入群と運動をしない群に無作為に分け，9ヶ月間の介入期間前後で認知機能を計測しました。運動群は週に5日間，1回120分の運動（少なくとも70分以上の中高強度運動を含む）を実施し，対照群はそのような介入は受けませんでした。その結果，どちらの群も9ヶ月間で認知機能が向上し，その変化は運動を実施した子どもでより顕著であることがわかりました。この結果は，運動の有無に関わらず9ヶ月間で認知機能が発達すること，運動によってさらに認知機能が向上することを意味します。

2 身体活動は学力を向上させる

　記憶や集中力等の認知機能は，優れた学業成績を納めるために重要です。よって，身体活動には学力を向上させる効果が期待されます。日本で行われた463名の中学生を対象に行った追跡調査では，運動部活動または地域スポーツクラブに所属している生徒は，所属していない生徒と比較し，1年生から3年生にかけて学業成績が大きく向上することがわかりました（Ishihara et al., 2020）。また，その影響はシャトルランテストで計測された持久力が向上した生徒ほど顕著に認められました。

3 体力が高い子どもは脳が大きい

　中高齢者と同様に，身体活動は子どもの脳構造に影響を与えるのでしょうか。それについて直接調べた研究は乏しい状況ですが，MRIを用いて体力と脳の体積の関係を調べた研究はいくつかあります。

　チャドックら（Chaddock et al., 2010）は9〜10歳の子ども49名を対象に，持久力を基準に体力の高い子ども（標準値の70% tile 以上）と低い子ども（標準値の30% tile 以下）の海馬の体積と記憶機能を比較しました。その結果，体力が高い子どもは体力が低い子どもと比較して海馬の体積が13%程度大きく，海馬が大きいほど記憶課題の成績が高いことがわかりました（図4-2）。同様に，筋力や敏捷性を基準に分けた他の研究でも，体力が高い子どもは脳全体の体積が大きいことが報告されています（Cadenas-Sanchez et al., 2020）。これらの結果は，身体活動を通じて体力を向上させることで，脳の体積が大きくなるこ

図 4-2 子どもの持久力と海馬の体積，記憶機能の関係（Chaddock et al., 2010 より改変）

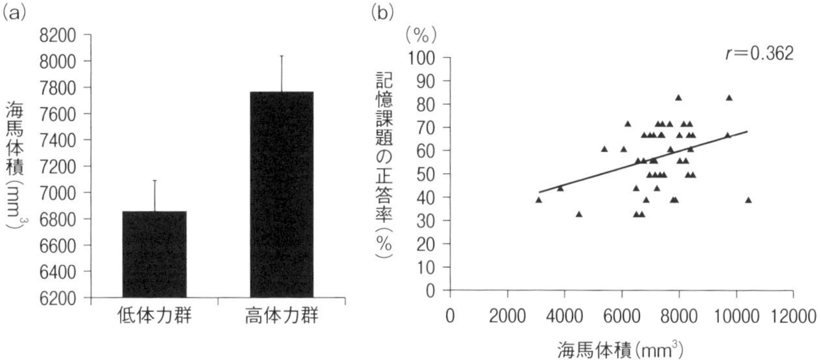

持久力の低い子どもと高い子どもの海馬体積（a）と海馬ボリュームと記憶課題成績の関係（b）。持久力の高い子どもは海馬の体積が大きかった（a）。海馬の体積が大きい子どもほど記憶課題の成績が優れていた（b）。

とを示唆しています。

§4　1回の運動でも一時的に認知機能が向上する

ここまで，数年間にわたる追跡調査や数ヶ月間にわたる運動介入研究の結果を紹介してきました。運動を習慣化することが脳の健康に良いことはわかりましたが，そのような長期的な影響をモチベーションにライフスタイルを変容することは難しいことです。もう少し短期的に得られる効果に目を向けると，ライフスタイルを変容させるモチベーションになるのではないでしょうか。最後に，1回の身体活動が脳に与える効果について紹介します。

これまで，10〜30分程度の運動直後に認知機能にどのような変化が起こるのかを調べる研究が数多く行

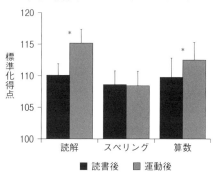

図 4-3　1回の有酸素運動が学力テストの成績に与える影響（Pontifex et al., 2013 より改変）

20分間の有酸素運動後と読書後の学力テストのスコア。読書後と比較して，有酸素運動後に国語と算数のスコアが高かった。

われてきました。過去の18個の研究データを統合して分析をした最近の研究によると，1回の有酸素運動の直後に認知機能が一時的に向上することが報告されています（Ishihara et al., 2021）。また，20分間の有酸素運動後に学力テストの成績が向上することも示されています（Pontifex et al., 2013；図4-3）。このように，1回数十分程度の運動でも，その後一時的に認知機能が向上することが明らかになっています。

§5 日常生活に運動を取り入れよう

　身体活動には中高齢期の認知機能を維持・増進させ，認知症の発症を予防する効果があることがわかっています。発達期においても，身体活動は認知機能に健全な発達を促し，学力を向上させることが示されています。これらの効果を得るためには，一定以上の強度や頻度（少なくとも体力の向上が見込める）で身体活動を行うのが効果的のようです。身体不活動が蔓延している現代社会において，ライフスタイルの中に身体活動をうまく取り入れ，心身の健康を維持・増進させることは，幸せな生涯を送るために重要であると考えられます。

■引用文献

Bull, F. C., Al-Ansari, S. S., Biddle, S., Borodulin, K., Buman, M. P., Cardon, G., … Willumsen, J. F. (2020). World Health Organization 2020 guidelines on physical activity and sedentary behaviour. *British Journal of Sports Medicine, 54*(24), 1451-1462.

Cadenas-Sanchez, C., Migueles, J. H., Erickson, K. I., Esteban‐Cornejo, I., Catena, A., & Ortega, F. B. (2020). Do fitter kids have bigger brains? *Scandinavian Journal of Medicine & Science in Sports, 30*(12), 2498-2502.

Chaddock, L., Erickson, K. I., Prakash, R. S., Kim, J. S., Voss, M. W., VanPatter, M., … Kramer, A. F. (2010). A neuroimaging investigation of the association between aerobic fitness, hippocampal volume, and memory performance in preadolescent children. *Brain Research, 1358*, 172-183.

del Pozo Cruz, B., Ahmadi, M., Naismith, S. L., & Stamatakis, E. (2022). Association of daily step count and intensity with incident dementia in 78 430 adults living in the UK. *JAMA Neurology, 79*(10), 1059-1063.

Erickson, K. I., Voss, M. W., Prakash, R. S., Basak, C., Szabo, A., Chaddock, L., … & Kramer, A. F. (2011). Exercise training increases size of hippocampus and improves memory. *Proceedings of the National Academy of Sciences, 108*(7), 3017-3022.

Guthold, R., Stevens, G. A., Riley, L. M., & Bull, F. C. (2018). Worldwide trends in insufficient physical activity from 2001 to 2016: A pooled analysis of 358 population-based surveys with 1・9 million participants. *The Lancet Global Health, 6*(10), e1077-e1086.

Guthold, R., Stevens, G. A., Riley, L. M., & Bull, F. C. (2020). Global trends in insufficient physical activity among adolescents: A pooled analysis of 298 population-based surveys with 1・6 million participants. *The Lancet Child & Adolescent Health, 4*(1), 23-35.

Hillman, C. H., Pontifex, M. B., Castelli, D. M., Khan, N. A., Raine, L. B., Scudder, M. R., … Kamijo, K. (2014). Effects of the FITKids randomized controlled trial on executive control and brain function. *Pediatrics, 134*(4), e1063-e1071.

Ishihara, T., Drollette, E. S., Ludyga, S., Hillman, C. H., & Kamijo, K. (2021). The effects of acute aerobic exercise on executive function: A systematic review and meta-analysis of individual participant data. *Neuroscience & Biobehavioral Reviews, 128*, 258-269.

Ishihara, T., Nakajima, T., Yamatsu, K., Okita, K., Sagawa, M., & Morita, N. (2020). Relationship of participation in specific sports to academic performance in adolescents: A 2 - year longitudinal study. *Scandinavian Journal of Medicine & Science in Sports, 30*(8), 1471-1482.

Kramer, A. F., Hahn, S., Cohen, N. J., Banich, M. T., McAuley, E., Harrison, C. R., … Colcombe, A. (1999). Ageing, fitness and neurocognitive function. *Nature, 400*(6743), 418-419.

Lopez-Ortiz, S., Lista, S., Valenzuela, P. L., Pinto-Fraga, J., Carmona, R., Caraci, F., … Santos-Lozano, A. (2023). Effects of physical activity and exercise interventions on Alzheimer's disease: An umbrella review of existing meta-analyses. *Journal of Neurology, 270*(2), 711-725.

Northey, J. M., Cherbuin, N., Pumpa, K. L., Smee, D. J., & Rattray, B. (2018). Exercise interventions for cognitive function in adults older than 50: A systematic review with meta-analysis. *British Journal of Sports Medicine, 52*(3), 154-160.

Pontifex, M. B., Saliba, B. J., Raine, L. B., Picchietti, D. L., & Hillman, C. H. (2013). Exercise improves behavioral, neurocognitive, and scholastic performance in children with attention-deficit/hyperactivity disorder. *The Journal of Pediatrics, 162*(3), 543-551.

Stillman, C. M., Esteban-Cornejo, I., Brown, B., Bender, C. M., & Erickson, K. I. (2020). Effects of exercise on brain and cognition across age groups and health states. *Trends in Neurosciences, 43*(7), 533-543.

第5章
生涯にわたる女性のこころとからだのヘルスケア

江川美保

§1 女性のライフステージ，女性特有の体調不良

　子どもを産み育てるために卵巣や子宮の機能が備わった女性の身体は生涯にわたり非常にダイナミックに変化し，こころとからだの健康はそれに大きく影響を受けます。本章では生物学的根拠に基づき，変化の絶えない女性の人生を自分らしく生き抜くための知恵と心構えについて考えます。

　卵巣から分泌される女性ホルモンの一つ，エストロゲンの血中濃度も生涯にわたって大きく変動します。このエストロゲンの「波」には，まず，思春期に増加し更年期に減少するという数十年単位のものがあります。初経から閉経までの間には，月経に伴ってくりかえされる約1ヶ月周期の波も重なります。月経トラブルや更年期障害はこのようなホルモンの変動と大きく関連しています。これらは個人の生活の質の低下を招くのみならず，労働生産性の低下や経済損失ももたらす女性の健康課題であることが近年認識され，社会的な対策の必要性も叫ばれています（経済産業省，2024）。

§2 月経トラブルへの対処法

1 月経とは

　妊娠すれば赤ちゃんをはぐくむことになる子宮の内側面の壁をなしているのが「子宮内膜」。卵子と精子が結合してできた受精卵が子宮内膜に着床することで妊娠が成立しますが，その準備をするために排卵のたびに子宮内膜は新陳

代謝を繰り返しています。月経とは「排卵はできたが妊娠が成立しなかった場合に子宮内膜が一定期間で剝がれ落ちて体外に出る」という生理現象です。図5-1に示したように、卵巣は排卵を起こすと同時に、エストロゲン（別名・卵胞ホルモン）や黄体ホルモンを分泌するはたらきを担っていますが、それは脳の中枢から分泌されるホルモンによって制御されています。視床下部から、性腺刺激ホルモン放出ホルモン（GnRH）が分泌されて、その刺激を受けて脳下垂体からは、性腺刺激ホルモンである黄体化ホルモン（LH）と卵胞刺激ホルモン（FSH）が分泌されます。それが血流によって卵巣に伝わり、卵巣の中では卵子を育てる「卵胞」が発育します。卵胞を構成している細胞がエストロゲンを分泌します。複数の卵胞がそれぞれ卵子を育て、その中で最も良く成熟した卵子が基本的に1つだけ選ばれて卵巣外に飛び出します（排卵）。飛び出した卵子は卵管の中に取り込まれ、およそ24時間以内にそこに精子がやってくれば「受精」が起こります。受精卵は1週間かけて卵管から子宮内に移動します。この間に、卵巣では排卵前にあった卵胞が黄体という組織に変化し、黄体ホルモンとエストロゲンを分泌するようになります。この2つの卵巣ホルモンは協力し合って子宮内膜に作用し妊娠に向けた準備を行います。またこの卵巣

図5-1 月経周期における卵巣と子宮の変化とホルモンによるその制御

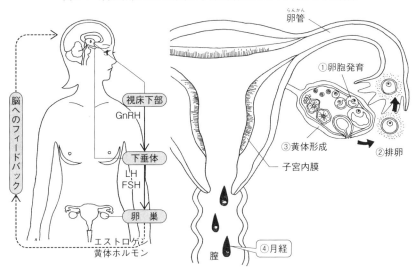

ホルモンは脳の中枢にフィードバックされ，ホルモン分泌が調整されます。思春期から性成熟期の女性の身体はこの周期的変化を倦まず撓まず繰り返しています。

2 月経の量や随伴症状のしんどさ

　月経に関連するしんどさには，出血量の多さ（過多月経），月経期間中の下腹部・骨盤の痛み（月経困難症），月経が始まる前3～10日間の心身症状（月経前症候群 premenstrual syndrome；PMS）などがあります（日本産科婦人科学会，2017）。月経困難症とPMSをあわせて月経随伴症状といいます。

　これらは，多くの女性にとって「どこまでが普通の体験で，どこからが異常といえるのか」がわかりにくいようです。確かに，一般的な月経量とはどれぐらいなのかわからないという声もよく聞きますが，例えば「レバーのような血の塊が出る」状態は過多月経と考えてよいものであり，鉄欠乏性貧血のリスク要因になります。過多月経や月経困難症にはその原因となる子宮内膜症・子宮筋腫・子宮腺筋症などの病気が存在する場合と存在しない場合のいずれもがあります。一方，PMSでは様々な検査を受けても異常所見は認められません。「症状記録」をつけてみて，月経前に不快症状があらわれ月経が終わる頃には治っているというパターンを確認することでPMSと診断されます。いずれの月経トラブルに対しても，自分に合った対処法や治療選択肢を知り，自分のニーズとライフステージに応じて適切に選ぶことが大切です。そして，医療機関での治療を受けるか否かにかかわらず，後述する鉄欠乏対策も含めて「セルフケア」も極めて重要です。

　現代女性にとって月経の負担は大きくなっており，それは少産化・晩産化というライフスタイルの変化と関連しています。妊娠回数の少ない現代女性は多産だった昔の女性に比べて，妊娠・分娩・授乳に伴い月経が停止する期間が全体的に短縮しています。その結果として「月経回数」が増えており，その比はおよそ9倍ともいわれています。しかも，若年期に強い月経痛があることは将来に子宮内膜症[1]を発症するリスク因子（相対危険率2.6倍）であることも示されており（Treloar, 2010），鎮痛剤の頓服で治まらない月経困難症に対しては低用量ピルなどのホルモン療法が標準的治療に位置付けられています。

第5章　生涯にわたる女性のこころとからだのヘルスケア　51

③ 低用量ピルの効用

　低用量ピル[2]はエストロゲン成分と黄体ホルモン成分を含む混合ホルモン製剤で，毎日1錠ずつ内服し続けると脳に「エストロゲン，黄体ホルモンが充足している」という合図が送られ，ネガティブフィードバック機構により性腺刺激ホルモンの分泌が抑制されて卵胞発育と排卵が休止します。子宮内膜の「新陳代謝」という側面からエストロゲンと黄体ホルモンの関係を説明すると，エストロゲンは内膜細胞を「増殖」させ，逆に黄体ホルモンはその「増殖を抑制」するという，アクセルとブレーキの関係にあります（図5-2-a）。排卵までの期間はエストロゲンが単独ではたらくため子宮内膜が分厚くなります。一方，低用量ピル内服周期では（図5-2-b）最初から黄体ホルモン成分がエストロゲン成分と同時にはたらいて内膜細胞の増殖に抑制がかかるので，形成される内膜は薄くなります。休薬期に内膜が剥がれるときに分泌されるプロスタグランジン（子宮筋を収縮させる痛み物質）の量も排卵のある周期の月経時に比べて少なくなるので，月経痛が軽くなります。そして卵巣ホルモンの波が平坦化することにより，PMSの症状も軽減しやすくなります。

　「避妊効果のある低用量ピルを服用すると将来妊娠しにくくなるのではないか」という心配をする人々が少なからずおられるようですが，それは誤解です。内服をやめると脳へのネガティブフィードバック効果はなくなり，休止していた卵巣の活動と月経の状態は元に戻ります。

　現代女性の妊娠回数の減少に関連する月経回数の増加とそれに伴う負担増について前述しましたが，低用量ピルを内服することは，ホルモン動態の観点からは疑似妊娠の（エストロゲン・黄体ホルモンの両方が持続的に循環している）状態をつくり，子宮内膜症のリスクを減ずることになります。このように低用量ピルは主体的な生活設計をサポートする「ライフデザイン・ドラッグ」といえます。ただし，閃輝暗点を伴う片頭痛や血栓症などの病歴のある方や喫

---

1)　子宮内膜の類似組織が，子宮の外，骨盤腔内に広がり，増殖・浸潤する疾患で，月経を繰り返すたびにエストロゲンに反応して進行する。月経痛のみならず，性交痛，慢性骨盤痛，不妊症の原因になり得る。

2)　わが国では月経困難症治療用のピルを，避妊目的の経口避妊薬 OC（oral contraceptive）と区別して「低用量エストロゲンプロゲスチン配合薬 LEP（Low does Estrogen Progestin）」と呼んでおり，保険が適用される。

図 5-2 低用量ピルを服用すると排卵が止まると同時に月経がラクになる

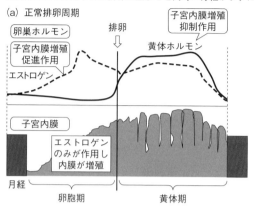

(a) 正常排卵周期

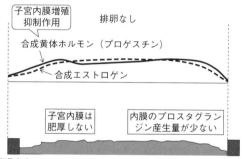

(b) 低用量ピル服用周期

煙者は服用すべきではありませんので，使用にあたっては注意事項を確認する必要があります．なお，月経困難症の治療薬としては血栓症リスクのない（すなわち，エストロゲンを含まない）黄体ホルモン製剤という選択肢もあります．

§3 更年期障害への対処法

1 更年期とは

平均的には50歳前後で卵巣の機能が停止し閉経を迎えます．わが国では女

性の更年期を「閉経をはさむ前後 5 年間のあわせて 10 年間」と定義しており，個人差はありますが，だいたい 45 歳から 55 歳が相当することが多いでしょう。この期間にエストロゲンの急激な低下を主因として出現し，かつ他の疾患によるものではない，様々な心身の症状を総じて更年期症状，それが生活に支障をきたすレベルになったものを更年期障害と呼んでいます。更年期症状のあらわれ方には，エストロゲン欠乏以外の心理社会的，環境的，性格的要因も複雑に影響を及ぼすものだと考えられています。

2 更年期症状のしんどさ

　閉経の数年前から卵巣機能の低下に伴って月経不順が起こりやすくなり，その他の不快な症状もあらわれ始めることがよくあります。典型的な更年期の初期症状としてはのぼせ，発汗，ホットフラッシュが挙げられます。更年期にはそのほかにも，めまい，動悸，息切れ，関節痛，肩こり，疲労倦怠感，イライラ・抑うつ・不安感のような精神的症状や睡眠障害など，様々な症状があらわれることもあり，症状の種類も程度も個人差が大きく，個人の中でも症状が変化することもしばしばあります。さらに，閉経からずいぶん年数が経ってから泌尿生殖器の萎縮症状，たとえば腟や外陰部の乾燥感・灼熱感，性交の痛み，排尿トラブルなどがあらわれる人もいます。

　なお，自覚症状を伴わない閉経後の身体変化にも注意を向ける必要があります。ひとつは，生活習慣病の一つである脂質異常症。これは動脈硬化や高血圧につながり，心筋梗塞や脳卒中（脳梗塞や脳出血）につながる素地になりますので，適切な対処が必要です。もうひとつは骨粗鬆症。これは骨がもろくなり骨折しやすくなった状態のことを指し，骨折する前段階では無症状です。

　女性の平均寿命が延長した現代，高齢女性の寝たきり状態をできるだけ予防して「健康寿命」を延長することが個人レベルでも国家レベルでも非常に重要になっています。心筋梗塞・脳卒中，骨折は寝たきりの原因として上位にくる病態です。更年期はそれらへの予防意識を高め生活スタイルを見直す良い機会であるといえます。

　このように，エストロゲンの不足に伴って各種臓器に多種多様な症状や変化が出現するのは，エスロトゲンの受容体が子宮や乳房のみならず全身に広く分

布していることの証でもあります。エストロゲンは生殖機能のみならず，女性の全身的な生体機能を整えたりストレスへの抵抗力を発揮したりする大きな役割を担っているということです。

3 女性ホルモン補充療法（HRT）の効用

エストロゲン欠落症状の改善を目的に医薬品を用いてエストロゲン補充する治療を Hormone Replacement Therapy（HRT）と呼びます。前述の低用量ピルとは異なる天然型のエストロゲン製剤を使用し，エストロゲンの急激な低下という衝撃を緩衝する方法で，いわば「軟着陸」を目指すイメージです。また，エストロゲンレベルを穏やかに底上げすることにより，将来起こり得るエストロゲン不足に伴う症状や病態を予防することにもつながります。

HRT が最もよく効く症状はホットフラッシュです。また性交痛や腟・外陰の乾燥感も HRT が非常に得意な部分です。骨粗鬆症に対する有効性にもエビデンスがあります。また，気分の落ち込みや脂質異常症の改善効果もあります。

なお，子宮摘出術後など子宮を持っていない人は別として，一般的に子宮を有する女性が HRT を行う場合は黄体ホルモン製剤も併用しなければなりません。子宮内膜が増殖する病気（子宮体がんなど）を防ぐためです。

§4 女性ホルモンの波に振り回されないで！

1 自分のからだを知る，からだが発するサインに気づく

多彩な症状の捉えどころが難しい PMS や更年期障害は，まるで「ホルモン変動」に女性本人が振り回されているかのようです。ホルモンの影響とホルモンをコントロールする術があることを知っておくこと，そして必要に応じてその術を使いこなすことは，たくましく生き抜く女性のライフスキルの一つといえましょう。ただし，ホルモン剤を活用するだけでは不十分です。適切な栄養摂取や運動を心がける，生活リズムや睡眠衛生を整える，心の在り方を振り返るなど，自分が自分のこころとからだを大切にするセルフケアがとても大切です。

産婦人科医師歴30年の筆者は，診療の場面では PMS や更年期障害を単なる病気というよりも「その女性が潜在的に抱えているしんどさ」がホルモン変動

というトリガーにより顕在化する現象であるという眼で観察しています。からだが発するサインを手掛かりに，根底に何らかの繊細さや脆弱性，自律神経失調やエネルギー不足状態（代謝障害）があることを見抜くというスタンスが，本質的な対処法を見出す助けになるのではないかと考えています。

2 月経に負けない栄養摂取の大切さ―特にタンパク質と鉄―

　貧血とは赤血球に含まれ酸素を全身に運搬している血色素（ヘモグロビン）が不足した状態を指し，多種多様な症状を引き起こします。貧血の原因として最多である鉄欠乏性貧血の頻度が男性より女性の方が圧倒的に高い理由は「月経による鉄の喪失」の影響にほかなりません。ヘモグロビンはグロビンというタンパク質と鉄の化合物です。鉄の In-Out バランスが負に傾けば鉄欠乏が進行します。生体は鉄欠乏状態にあっても優先的にヘモグロビン濃度を維持しようとするために，赤血球以外に分布する全身の組織・細胞の鉄が先に失われていきます。貯蔵鉄が枯渇しつつあってもヘモグロビン濃度はまだ正常である状態は「貧血のない鉄欠乏」もしくは「潜在性鉄欠乏」と呼ばれ，この段階でも疲労感，メンタルヘルス不調が出現するということが最近わかってきました。

　月経量が多い女性はもちろんのこと，そういう自覚を持っていない女性もみんな，月経によるタンパク・鉄の喪失に負けないだけの十分な栄養摂取と胃腸機能の維持に取り組み続けることが大切です。閉経という月経の卒業を迎えるときまで！　それが女性の今と将来の健康管理の土台になるといっても過言ではありません。

3 「自律」的ヘルスケアで自分を大切に！

　人生 100 年時代を迎え，多くの女性は「閉経に伴う女性ホルモンの衰退」という不可逆的な変化を人生のほぼ真ん中で経験することになりました。健康寿命の中で自分らしく生き抜くための加齢観や健康管理法の刷新が求められています。筆者は思春期から老年期にいたるまでのすべてのライフステージの女性の心身の不調に寄り添う産婦人科診療を実践する中で，女性の更年期以降を「衰退」のステージとみるのではなく，図 5-3 のような「生きれば生きるほどその人らしく輝く生涯発達のモデル」を構想しました。これは，閉経という生

図 5-3 人生 100 年時代の女性の生涯学の提案

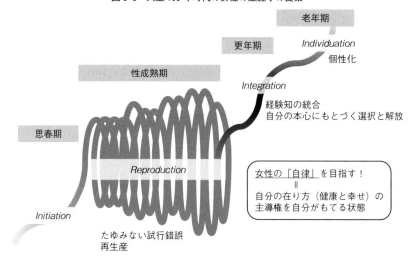

殖機能の終焉を迎える更年期を，喪失ではなく「解放」の季節とみる人生観を含みます。更年期とは，他の誰でもない自分自身になりゆく成熟に向かうシフトチェンジのステージ。女性ホルモンの変動や月経という「変化に対処する力」を，生殖機能の発動をみた思春期から段階的にはぐくんでいくことが，更年期のシフトチェンジを実り豊かに越えていく底力にもつながるのではないかと考えています。女性の自律した生き方を目指して，自分が主導権をもって自分の健康を整えていく「自律」的ヘルスケアの具体的メソッドを診療と研究をとおしてさらに探究していきたいと思います。

■引用文献

経済産業省（2024）．女性特有の健康課題による経済損失の試算と健康経営の必要性について Retrieved from https://www.meti.go.jp/policy/mono_info_service/healthcare/downloadfiles/jyosei_keizaisonshitsu.pdf

日本産科婦人科学会（編）（2018）．産科婦人科用語集・用語解説集 改訂第 4 版

Treloar, S. A., Bell, T. A., Nagle, C. M., Purdie, D. M., & Green, A. C. (2010). Early menstrual characteristics associated with subsequent diagnosis of endometriosis. *American Journal of Obstetrics & Gynecology, 202,* 534.e1-6.

第2部

「心」から生涯を捉えなおす

第2部では，生涯を「心」（P：Psychological）の面から捉え直します。

第6章「知覚の加齢変化」では，加齢に伴い各感覚機能は低下するけれども，複数の感覚情報を統合することによって様々な知覚機能が補償されていくことが示されます。また，そのような補償作用が適切に働くためには，身体運動機能を高めることが有効であることや，他者との関わりなども有効かもしれないことが議論されます。運動や対人関係などの心身の活動が，知覚機能の維持のためにいかに重要かがわかるでしょう。

第7章「認知機能における予備力の役割」では，加齢や脳疾患などによる認知機能の低下を抑制することに大切な「認知予備力」について，詳しく紹介されます。認知予備力とは，教育や仕事，余暇活動，趣味，運動などによって，生涯を通じて蓄積される認知機能のたくわえのことで，心の健康にも寄与します。若い頃から活動的に生活して認知予備力を蓄積していくことで，生涯にわたって認知機能や心が健康になりやすくなることが示されるでしょう。

第8章「生涯学から日常生活を科学する」では，教育を受けてきた年数が長いほど，仕事の情報処理面・対人関係面で複雑な情報を処理することができるようになり，結果的に高齢期での余暇活動が多くなることで，認知機能・身体機能・精神的健康が高くなる，という傾向が示されます。また，食・運動・認知・社会活動などのような複数の生活面への持続的な支援は，認知機能や幅広い健康面の改善に有効であることも示されます。生涯における教育の積み重ねの大事さや，多面的支援を受けることの有効性が見えてきます。

第9章「睡眠中にみる夢を味方に人生をデザインする」では，夢は記憶を連鎖的に整理し未来に備えるためのシミュレーションであることが論じられます。また，普段以上に夢を見たらストレスが高いサインであることや，夢には生涯にわたって変化するパターンがあること，悪夢を減らすには見た後で「良い結末」をイメージすると有効であることも，紹介されます。生涯を生きるうえで夢を上手に活用する方法が見えてくるでしょう。

第10章「高齢者との会話を知る」では，高齢者の会話能力の傾向を理解することで，高齢者と会話するときのコツが見えてくるでしょう。高齢者に対して話すときは，相手に十分な情報を与えると同時に発話を終え，できるだけ短く簡潔に話すと，高齢者は会話を継続しやすくなります。人生経験豊かな高齢者とスムーズに会話できるようになれば，高齢者の方々が積み重ねてきた人生について，さまざまなことをスムーズに学ぶことができるようになるでしょう。

このように，第2部の各章では，「心」（P）に関する多様な視点から，私たちの生涯を捉えなおすことの面白さが発見できると思います。読んでみたいと思う章のページから，気軽に読み始めてみてください。

第6章
知覚の加齢変化
補い合う感覚

寺本　渉

　私たちは普段，様々な感覚を働かせて，動き回りながら自分の周囲の世界を把握しています。例えば，コーヒーを飲みながらテレビを見るという日常的な振る舞いについて考えてみます。映像や音声は主に目（視覚）と耳（聴覚）で把握します。途中でコーヒーを飲む際には頭と視線をテーブルにあるカップに移して（視覚，前庭感覚，固有感覚），そこに手を伸ばし（視覚，固有感覚），取っ手をつかんで持ち上げ（視覚，触覚，固有感覚），唇で温度を確かめつつ，風味を楽しみ，口の中に流し込みます（触覚，味覚，嗅覚，内臓感覚）。このように私たちの日常では様々な感覚から情報を得て行動が成立しています。しかし，加齢に伴い情報の入口であるこうした感覚機能は衰えます。入口が衰えると当然その後の心的機能にも影響を与えます。それはちょうど駅のホームでアナウンスの音声が聞き取れない状態に似ています。何と言っているかわからないので，次に何をしたらよいかわかりませんし，記憶にも残りません。そこでこの章ではまず，加齢に伴い低下する感覚機能を概観します。次に，1つの感覚機能が低下しても別の感覚による補償作用によって知覚機能はある程度保たれる場合もあることを解説します。また，この補償作用が働きやすい人とそうではない人がいることについて説明し，最後に健康長寿のための秘訣を知覚心理学の立場から提言します[1]。

---

1)　感覚（sensation）と知覚（perception）とはいずれも心的現象を示す表現で切り分けは難しいのですが，ここでは感覚は物理信号を受容する感覚器官に重点をおいたもの，知覚は意識経験に重点をおいたものとしておきます。私たちは感覚器官が受容した信号のすべてをそのまま知覚しているわけではなく，その一部を過去の経験を使って解釈しながら知覚しています。

§1 加齢による感覚・知覚の機能低下

　視覚は，幼少期にゆっくりと精度を上げ成人期には周囲の環境に最適なチューニングになっていますが，加齢に伴い大きく変化します。目の調節力に強く関わる水晶体の弾力性は加齢とともに低下し，多くの場合 40 代で老眼（近いところに焦点をあわせられない）が始まります。ほかにも老人性縮瞳（瞳孔が開かず光を取り入れにくい）や眼球内光散乱等が生じます。こうした光学的変化はコントラスト感度（光の明暗や色の濃淡を見分ける力）の低下を引き起こし，視覚対象を捉えることを難しくします。また，暗さに慣れるまでの時間（暗順応）が長くなります。これは網膜の視細胞群に栄養をおくる機構に生理的変化が生じるためと考えられています。暗闇で視感度がよくなるまで 20 代では 20〜30 分ほどかかりますが，70 代ではそれよりも 10 分以上長くなります（Jackson et al., 1999）。加えて，感覚情報の処理の仕方にも変化がみられます。例えば，視覚対象の傾き弁別能力も加齢に伴い低下します。若年者に高齢者の光学的変化に相当する視覚刺激を与えても高齢者と同等の結果にならないことから別の要因，すなわち，神経細胞の自発発火増加に伴う方位チューニングの低下という処理系の内部ノイズの影響が指摘されています（Betts et al., 2007）。ほかにも，加齢に伴い視覚刺激の時間的変化をとらえることが難しくなり，光の明滅を感じられる時間間隔の限界値が上昇します。また，その影響は運動知覚に顕著に現れます。70 歳を超えると，視覚運動の検出力や運動方向弁別の正確性が急激に低下し，短時間で運動を正しく検出することが難しくなります。こちらも神経細胞間の抑制が弱まり，自発発火が増え内的なノイズが多くなることと関連している可能性があります（Bennett et al., 2007）。網膜上の大域的な視覚運動はオプティカルフローと呼ばれ，自己運動に関する情報を提供します。加齢に伴いオプティカルフローからの自己進行方向知覚や自己運動中の物体の衝突判断が特に速度が速い場合に低下することが報告されています（Andersen & Enriquez, 2006; Warren et al., 1989）。

　聴力に関しては，蝸牛にある有毛細胞の脱落により特に高い音が聞き取りづらくなります（加齢性難聴）。また，耳鳴りが頻繁に生起するようになります。

これは末梢の信号が弱くなると，それを補うために脳が信号を過度に増幅させるために生じると考えられています。さらに，人混みなど背景音がある中での聞き取り能力が聴力検査の数値以上に低下するようになります（聴覚情報処理障害）。筆者らがおこなった40〜70代を対象にした感覚の困りごとに関する調査（日髙他，2024）では，視覚に困りごとを抱えている人は40歳以降どの年代も3割程度いましたが，手術等により「今は困らなくなった」と感じている人が年々増えていました。しかし，聴覚では加齢により「困っている」人が増え，特に70代では顕著でした。視覚の光学的変化は眼鏡や手術等の医学的措置によって補われる一方で，聴覚に関しては補聴器の普及率は必要とする人のわずか15％程度であり，装着が煩わしいという理由で敬遠される傾向にあるようです（日本補聴器工業会，2023）。加齢性難聴は認知症の危険因子の一つとしても知られており（Livingston et al., 2020），健康寿命の延命には対策が求められます。

　触覚に関しても，接触や振動などに対する反応は低下し，温冷覚（特に温覚）の機能低下もみられます。温冷覚の低下は身体の中心から離れた部位（手よりも足，上腕よりも手先）で顕著に生起することが報告されています（Guergova & Dufour, 2010）。こうした温冷覚に対する感受性低下が高齢者でよくみられる熱中症等に関連していると考えられます。固有感覚は，皮膚表層の感覚よりも加齢変化が大きいようです。固有感覚は，自分の身体の各部位の位置や動きを検知する感覚であり，筋肉や腱にセンサーがあります。加齢に伴い筋肉量の低下（サルコペニア）が起き，それに付随して最大運動強度や力制御の正確性等の低下がみられるようになります。固有感覚も触覚と同様に下肢の方が上肢よりも低下が顕著です。前庭感覚は頭部の動きや重力軸に対する傾きを検知する感覚で，上下，左右，前後の直線運動に加え，ヨー軸，ロール軸，ピッチ軸[2]まわりの回転運動を検知します。前庭感覚も方向により多少の差はあるものの，概して感度が低下します。固有感覚や前庭感覚が低下すると，静止時や歩行時に姿勢を安定させることが難しくなり，転倒など高齢者に特有の

2）　ヨー軸は身体の上下軸，ロール軸は身体の前後軸，ピッチ軸は身体の左右軸を表しています。頭部に限定すると，ヨー軸周りの回転とは首を左右に回す運動で，ロール軸周りの回転とは首を左右に傾ける運動，ピッチ軸周りの回転は，首を前後に動かす運動に相当します。

行動を引き起こします。

§2 補い合う視覚と聴覚

　前節で説明したように個別の感覚機能は加齢に伴い低下しますが，感覚全体で考えた場合には必ずしも一様に低下するわけではありません。例えば，誰かと会話しているときを想像してみてください。音声は耳で捉えますが，私たちは同時に唇の動きを目で捉えて聞き取りの手がかりにしています。マスクなどで口元を隠されるといつもより聞き取りにくいと感じられたり，逆に，英語を聞き取るときに話者の口元が見えていると聞き取りやすく感じられたりするのはこのためです。実際，高齢者では話者の口元が見えていると聞き取りが向上します。また，若年者でも騒音の中で音声を聞き取るときに口元が見えていると成績が向上することが報告されています（Sekiyama et al., 2014）。ほかにも，自分の身の回りで何かの事象が生じた場合にそれを素早く検出・弁別することは危機回避において重要ですが，視覚と聴覚など複数の感覚情報があることによって検出が素早く行われ（冗長信号効果），高齢者では若年者よりもこの効果が大きいことが知られています（Laurienti et al., 2006）。加えて，高齢者では視覚的に 2 つの事象の時間差を見分ける機能が低下しますが，聴覚情報があることによって若年者と同程度事象の時間差がわかるようになります（時間的腹話術効果；de Boer-Schellekens & Vroomen, 2014）。

　このように感覚間の情報が一致している場合には他の感覚による埋め合わせが効果的に作用することがわかっていますが，いずれの感覚がどの程度影響力を持つかはわかりません。そこでわざと感覚情報間に時空間的な不一致をつくり，知覚の変化から各感覚情報の影響の大きさを推定するという方法がしばしば用いられます。例えば，若年者では音源位置を把握するときに，音源とは少しだけ異なる位置に関連した映像を提示すると，本来の音の位置ではなく映像の位置から音が聞こえるように感じられます（腹話術効果）。これは 2 つの感覚情報が多少離れていても同一のものとみなした処理が行われることのほか，音源位置を同定するうえで空間解像度の高い視覚情報が聴覚情報よりも重要で信頼できる情報と脳にみなされていることを示しています（最適重みづけ仮説，

Ernst & Banks, 2002)。一方で，映像の位置が音源位置とは大きく異なる場合には視覚情報の影響は相対的に小さくなるか，感覚情報の統合が行われません。しかし，高齢者では音源位置と映像位置が大きくずれていても視覚情報が強い影響を与えることが報告されています（Park et al., 2021）。先述のように加齢に伴い視覚も聴覚も衰えますが，視覚の方が聴覚系よりも眼鏡等によって空間情報が補われるぶんだけ，より信頼できる情報として扱われているため，高齢者では視覚情報の影響が強くなると考えられます。時間的な処理に関しては，視覚系よりも聴覚系のほうが優れているため（解像度が高い），視覚と聴覚の立場が入れ替わります。例えば，若年者では1つの閃光刺激と同時に2つの音刺激を提示すると2つの閃光刺激に見えるというダブルフラッシュ錯覚が生起します。高齢者では視覚的に2つの事象の時間差を見分ける機能が低下するのを反映するように，ダブルフラッシュ錯覚が若年者よりも高頻度で生起し，生起する視聴覚刺激の時間ずれ幅（統合の時間窓）も広くなると報告されています（若年者では視聴覚刺激の時間ずれ幅 ± 150 ミリ秒程度，高齢者では視聴覚刺激の時間ずれ幅 ± 300 ミリ秒以上；Setti et al., 2011）。高齢者では概して情報処理速度が遅くなり，処理速度の分散も大きくなるので，統合の時間窓を広くして余裕をもたせることは知覚精度を上げるために有効な戦略と考えられます。ただし，感覚間情報が不一致時にみられるこうした感覚情報統合の促進は，より精度が高い感覚による「補償（埋め合わせ）」と考えてよいのか，それとも単に感覚情報を取捨選択できずに統合してしまうという「歪み」なのかは現在のところわかりません。感覚情報の取捨選択には注意機能が関わっていると考えられており，注意機能は高齢者で顕著に低下するものだからです。今後こうした点を明らかにしていく必要があります。

§3 統合的な身体感覚

　姿勢や四肢の位置や動きの知覚は，そもそも多感覚統合に基づくものであり，主として視覚，固有感覚，前庭感覚および触覚が関わっています。姿勢の安定性を実現するためには，固有感覚と前庭感覚のほか視覚が重要な役割を果たしています。目を閉じるとまっすぐ歩けなかったり，止まっていても身体がふら

64　第2部　「心」から生涯を捉えなおす

図6-1　ミラーハンド実験の様子

鏡映面側　　　　　　　　　　　　　　　鏡映面裏側

ついたりすることがその証左といえます。高齢になると特にその傾向が強まり、視覚情報に依存して姿勢の安定性を実現するようになります（Hay et al., 1996）。加齢に伴い姿勢制御に関わるすべての感覚機能が低下しますが、視覚機能に関しては眼鏡等の補助具により補償されやすいためと考えられます。このことは手足など局所的な動きや位置の知覚にも当てはまるようです。受動的な手の動きの知覚には、視覚、固有感覚、触覚が関わっています。それらの感覚に同時にまたは個別に刺激を与えて動きの知覚量を測定したところ、同時に刺激を与えたときには若年者と高齢者でほぼ違いがない一方で、個別に刺激を与えた場合には高齢者では固有感覚に基づく動きの知覚量が若年者よりも低下していることが示されています（Chancel et al., 2018）。このことは、単一感覚機能は低下するものの、他の感覚情報による補償によって機能が維持されることを示しています。「動き」だけでなく「位置」の知覚でも高齢者では固有感覚情報よりも視覚情報が重視されることが、地域在住高齢者を対象にした筆者の実験でも明らかになっています（Teramoto, 2022）。そこではミラーハンド錯覚というものを利用しました。実験参加者は机に座り、机の上に垂直に立てられた鏡の鏡映面側に片方の手（例えば左手）を映し、他方の手（例えば右手）は鏡映面の裏側にまわします。その後、鏡映像を見ながら両手でタッピングを

行うと，鏡に映った手はあたかも鏡の裏に隠れている他方の手のように感じられます（図6-1）。このようにして鏡に映った手の位置（視覚が示す手の位置）と本当の手の位置（固有感覚が示す手の位置）にズレを生じさせ，身体位置を知覚するうえでどちらの感覚情報が重視されているのかの測定を行いました。その結果，手と足にかかわらず，高齢者では若年者に比べて視覚情報を重視していて，また，錯覚誘導後に視覚情報（鏡映像）を消失させてもしばらく（この研究では15秒間）その影響が残り続けることがわかりました。このように入力される感覚情報が変化しているにもかかわらず，感覚の重み付けを柔軟に切り替えられない現象は姿勢制御でも確認されています（Jeka et al., 2010）。

§4 統合的な身体感覚と身体運動機能との関連性

　前節で示した感覚の重み付けを柔軟に切り替えられない現象は，すべての高齢者に当てはまる現象ではないようです。先の筆者の実験で視覚情報を消失させても残り続けた量と機能的移動能力（歩行能力や動的バランス，敏捷性などを総合した能力）の指標である Timed Up and Go（TUG）テストの間の関係性を調べてみました。TUG テストとは，椅子に座った状態から立ち上がって3メートル先の指標を回って椅子に座りなおすまでの時間を測定するものです。時間がかかる人ほど機能的移動能力が低く，転倒リスクも高くなると考えられています。その結果，機能的移動能力が高い高齢者ほど，若年者と同様に視覚情報消失後すぐに視覚情報の重み付けを下げていることがわかりました。同様のことは姿勢制御（Jeka et al., 2010）にもみられますし，転倒経験者や転倒リスクの高い人には強い視覚情報依存がみられることも示されています（Costello & Bloesch, 2017; Hide et al., 2021）。ですから，機能的移動能力をはじめとした身体運動機能を高めることが適切な複数感覚による補償を導くキーになっていると考えられます。実際，機能的移動能力の低下が予想されるリハビリ施設に通う高齢者で同様の実験を行ったところ，身体位置知覚においてほとんどの人が感覚の重み付けを柔軟に切り替えられないことがわかりました。ただし，シルバー人材センターから派遣された高齢者を対象にして同様の実験を行ったところ，TUG テストをはじめ感覚機能や知覚・認知機能はほぼ先の

66 第2部 「心」から生涯を捉えなおす

地域在住高齢者（Teramoto, 2022）と同様であったものの，機能的移動能力の低い高齢者であっても感覚の重み付けを柔軟に切り替えられる人もいることがわかりました。このことは，身体運動機能以外にも複数感覚による適切な補償を導くほかの要因（例えば，社会と積極的に関わりを持つこと等）が存在していることを示しています。

§5 身体運動機能を高めよう

　加齢に伴い各感覚機能は低下しますが，複数の感覚情報を統合することによって様々な知覚機能が補償されています。しかし，この補償作用が適切に働くためには，身体運動機能を高めることが有効なものもあることを理解しておく必要があります。もちろん，明るさや色の知覚，音の高さの知覚など複数の感覚が関与しにくい知覚もありますが，連合学習といった手法を用いることによって機能を他の感覚で補償できる可能性はあります。今後の研究ではこうした点を明らかにしていく必要があると考えられます。

■引用文献

Andersen, G. J., & Enriquez, A. (2006). Aging and the detection of observer and moving object collisions. *Psychology and Aging, 21*(1), 74-85.

Bennett, P. J., Sekuler, R., & Sekuler, A. B. (2007). The effects of aging on motion detection and direction identification. *Vision Research, 47*(6), 799-809.

Betts, L. R., Sekuler, A. B., & Bennett, P. J. (2007). The effects of aging on orientation discrimination. *Vision Research, 47*(13), 1769-1780.

Casco, C., Barollo, M., Contemori, G., & Battaglini, L. (2017). The effects of aging on orientation discrimination. *Frontiers in Aging Neuroscience, 9*, 45.

Chancel, M., Landelle, C., Blanchard, C., Felician, O., Guerraz, M., & Kavounoudias, A. (2018). Hand movement illusions show changes in sensory reliance and preservation of multisensory integration with age for kinaesthesia. *Neuropsychologia, 119*, 45-58.

Costello, M. C., & Bloesch, E. K. (2017). Are older adults less embodied? A review of age effects through the lens of embodied cognition. *Frontiers in Psychology, 8*, 267.

de Boer-Schellekens, L., & Vroomen, J. (2014). Multisensory integration compensates loss of sensitivity of visual temporal order in the elderly. *Experimental Brain Research*, *232*(1), 253-262.

Ernst, M. O., & Banks, M. S. (2002). Humans integrate visual and haptic information in a statistically optimal fashion. *Nature*, *415*(6870), 429-433.

Guergova, S., & Dufour, A. (2011). Thermal sensitivity in the elderly: A review. *Ageing Research Reviews*, *10*(1), 80-92.

Hay, L., Bard, C., Fleury, M., & Teasdale, N. (1996). Availability of visual and proprioceptive afferent messages and postural control in elderly adults. *Experimental Brain Research*, *108*(1), 129-139.

日髙聡太・川越敏和・浅井暢子・寺本　渉（2024）．高齢者の日常生活における感覚の困りごとに関する検討―中年者群を含めた検討―　心理学研究，*95*(3)，164-173.

Hide, M., Ito, Y., Kuroda, N., Kanda, M., & Teramoto, W. (2021). Multisensory integration involved in the body perception of community-dwelling older adults. *Scientific Reports*, *11*, 1581.

Jackson, G. R., Owsley, C., & McGwin, G., Jr (1999). Aging and dark adaptation. *Vision Research*, *39*(23), 3975-3982.

Jeka, J. J., Allison, L. K., & Kiemel, T. (2010). The dynamics of visual reweighting in healthy and fall-prone older adults. *Journal of Motor Behavior*, *42*(4), 197-208.

Laurienti, P. J., Burdette, J. H., Maldjian, J. A., & Wallace, M. T. (2006). Enhanced multisensory integration in older adults. *Neurobiology of Aging*, *27*(8), 1155-1163.

Livingston, G., Huntley, J., Sommerlad, A., Ames, D., Ballard, C., Banerjee, S., … Mukadam, N. (2020). Dementia prevention, intervention, and care: 2020 report of the Lancet Commission. *Lancet* (*London, England*), *396*(10248), 413-446.

日本補聴器工業会（2023）．JapanTrak 2022 調査報告　日本補聴器工業会 Retrieved May 23, 2023, from http://www.hochouki.com/files/JAPAN_Trak_2022_report.pdf

Park, H., Nannt, J., & Kayser, C. (2021). Sensory-and memory-related drivers for altered ventriloquism effects and aftereffects in older adults. *Cortex; A Journal Devoted to the Study of the Nervous System and Behavior*, *135*, 298-310.

Sekiyama, K., Soshi, T., & Sakamoto, S. (2014). Enhanced audiovisual integration with aging in speech perception: A heightened McGurk effect in older adults. *Frontiers in Psychology*, *5*, 323.

Setti, A., Burke, K. E., Kenny, R. A., & Newell, F. N. (2011). Is inefficient multisensory processing associated with falls in older people? *Experimental Brain Research*, *209*(3), 375-384.

Teramoto, W. (2022). Age-related changes in visuo-proprioceptive processing in perceived body position. *Scientific Reports*, *12*(1), 8330.

Warren, W. H., Jr., Blackwell, A. W., & Morris, M. W. (1989). Age differences in perceiving the direction of self-motion from optical flow. *Journal of Gerontology*, *44*, 147-153.

第7章
認知機能における予備力の役割
精神・神経疾患の理解のために

松井三枝

医療従事者は精神疾患および神経疾患の診断・治療やリハビリテーションをおこなっている日常臨床において，回復力ないしは認知症などの変性疾患である場合，機能状態の進行における個人差に気付かされることがしばしばあります。様々な病期の状況が同一であってもなお，個人差はどのようなことから考え得るのでしょうか。その一助になるのが認知予備力という考え方かもしれないと思われ，本章ではこのことの取り組みについて紹介したいと思います。

§1 認知予備力の概念の歴史と定義

認知予備力について，最初に提唱したのは米国の神経心理学者スターン（Stern, 2002, 2009）です。そして，このことに取り組んでいる様々な専門家の議論がかさねられ，概念定義が白書（Stern et al., 2020）としても出されています。ここでは，認知予備力の概念の定義についてまずは触れることにします。

認知予備力（cognitive reserve：CR）とは，脳の病理や加齢の影響を受けても認知機能の低下を抑える個人の潜在的な能力を意味します（Stern, 2002, 2009）。認知予備力の高い人は低い人より，脳に損傷を受けても機能障害が生じにくく（Stern, 2002），また，健常加齢でみても認知機能の低下の程度が異なることが予測されてきました（Stern, 2002）。

認知予備力は，加齢，脳傷害や疾患によって予測されるよりもより良い認知機能をもたらす脳の特性とされています。脳の特性とは，分子，ニューロンおよびネットワークレベルを含む多元的に潜在するメカニズムを指しています。また，これらのメカニズムは生物学的および認知科学的アプローチによって特

徴づけられます。認知予備力は，ライフスパンを超えて，多元的な遺伝と環境
要因による影響を受けるとされています（Stern et al., 2020）。また，認知予備
力は，脳の傷害や疾患ないし加齢による脳の変化に対する代償および機能の改
善に役立つことに関係してくるといわれています。これまで認知予備力の考え
方は，高齢者や認知症の研究で取り入れられることが多かったといえます。

§2 症例の紹介

　ここでは，まず臨床現場における筆者が出会ったことのある1症例を示し，
認知予備力について考えてみたいと思います。

症例：53歳右利き，男性，大学院修了，会社員。
主訴：人の名前が出てこない，漢字が読めない（本人）
　　　とんちんかんなことをいうことがある（妻）
現病歴：
　某有名大学大学院修了後，会社に就職しました。現在は部長であります。
　X−1年の夏頃より数字を読み間違えることや漢字が書けないことに気づく
ようになりましたが，家は建築中だったこともあり，病院へは行きませんで
した。X年春頃より漢字が読めない，デジタル時計を読み間違える，暗算が
できない，人（部下）の名前が思い出せないなどの症状が目立つようになり
ましたが，帰り道がわからなくなったり，迷子になったりすることはなく，
車を運転して会社に出勤もしていました。これらの症状の精査のため，X年
K病院で人間ドックを受けました。頭部MRI上脳萎縮を指摘され，簡易認知
症検査でも17点／30点と得点が低く，同病院精神科を受診しました。ここ
でも簡易認知症検査での得点低下を認め，頭部MRI上で左半球優位の海馬，
側頭葉の萎縮が認められました。アルツハイマー病を疑われましたが，妻が
納得できず，さらなる精査を希望され，X年7月に当院精神科へ紹介となり
ました。

脳画像所見：MRI（脳磁気共鳴画像）検査では側頭葉前方部左優位の萎縮を示
し，脳血流検査SPECTにて側頭葉および左前頭葉の全般的な脳血流低下を認
めました。

1 認知機能の評価

　認知症の診断で重要になってくる認知機能障害を調べるために，様々な認知機能検査が実施されました。記憶や見当識など全般的な認知機能の問題ありなしを質問によってスクリーニングする簡便な検査である簡易認知症検査では，軽度認知症の疑いのレベルでした。全体的な機能を捉えるための検査である反復可能な神経心理機能バッテリーのプロフィール結果を図7-1に示しました。この検査では，12の下位尺度にもとづいて即時記憶，視空間・構成，言語，注意，および遅延記憶の領域指数を測定することができますが，図7-1に示されたように，言語機能指数が極端に低下していました。それに比し，視空間・構成機能は比較的保たれていました。記憶機能は意味理解の不良が影響して低下していると考えられました。代表的な知能検査では全検査IQ = 58，言語性IQ = 59，動作性IQ = 64，言語理解 = 50，知覚統合 = 72，作動記憶 = 65，処理速度 = 52でした。IQ（知能指数）の普通の平均は100，標準偏差は15で，約3分の2程度の成人のIQは85～115に含まれます。したがって，この結果の値は，教育歴（大学院卒）から鑑みると，元来のIQの大幅な低下がうかがえましたが，検査に対する協力性は高く，実際には各下位検査の一つ一つの項目に対して本人なりの反応は多くなされていました。しかしながら，言葉の意味理解の問題があり，的外れな応答が多く，正答にいたっていないことが大変多いということが特徴でした。代表的な総合的記憶検査では，一般的記憶 = 50未満，言語性記憶 = 51，視覚性記憶 = 52，注意・集中力 = 107，遅延再生 = 50未満でした。この得点は，注意・集中力のみ平均的ですが，他の機能は極めて低いことを意味しています。日本版成人読解テストは病前IQが反映されているとされる検査ですが，当人に実施したところ，100漢字熟語中99問が不正解で，実際すべてに答えられましたがあてずっぽうで推測された反応でした。言語機能の検査である失語症検査では，自発話 内容8/10：流暢性8/10，話し言葉の理解 yes/no 49/60，継時的命令29/80，復唱100/100，物品呼称0/30，読み 文章32/40：文字単語と絵の対応 漢字1/3仮名3/3，書字 指示6/6，単語の書き取り 漢字0/6仮名6/6五十音12/12.5 数10/10，構成描画24/30であり，失語のタイプにあえて分類すると超皮質性感覚失語（「発話は流暢で復唱良好であるが，了解障害を有しかつ重篤な語想起障害を呈する」失語型）にあては

図7-1 認知機能検査プロフィール

	即時記憶	視空間・構成	言語	注意	遅延記憶	総指標
指標得点	45	99	4	68	27	22

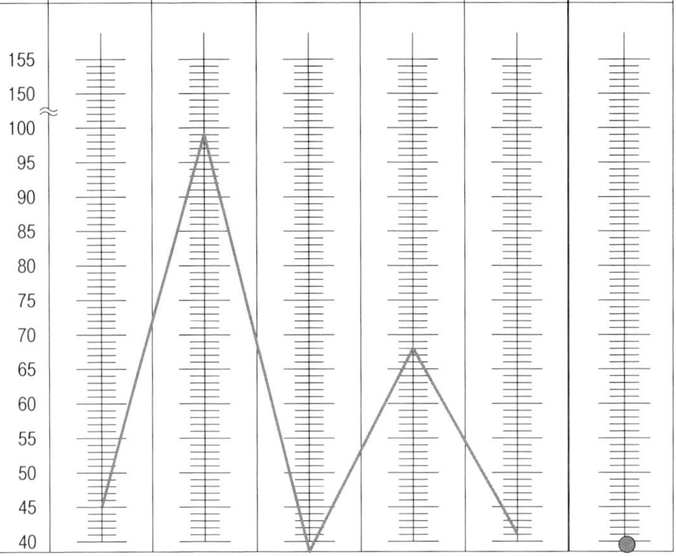

即時記憶，視空間・構成，言語，注意，遅延記憶の各得点および総指標（総合得点）が示されている。縦軸は指標得点で100を平均として80-120が普通の範囲内にあることを示す。この症例の結果は，視空間・構成は平均であるが，言語が非常に低く，その他，記憶や注意も普通よりは低いことを示す。

まるといえました。

　上記の神経心理学的検査の情報から，最初の神経心理学的検査の結果は以下に要約されました。

　「最も顕著な特徴は語義（言葉の意味）の把握がしばしば困難であることが際立っていることです。失語症検査による精査では，話し言葉は流暢で，復唱が保たれておりますが，話し言葉の理解が低下しており，呼称が強く障害されておりました。加えて，漢字の強い，失読および失書が伴っております。仮名に関しては読み書きに関して保たれています。計算能力に関しても低下していますが，この能力は多分に問題の理解能力の低下とも結びついているようです。他方，構成行為，視空間把握能力および地誌的記憶は十分に保たれているよう

72　第2部　「心」から生涯を捉えなおす

です。

　知能および記憶の標準化検査もすべて施行された結果，全般的にはIQおよび記憶指数は低下を示しています。しかし，いずれの検査においても下位検査において大きなばらつきが認められております。特に，知覚統合，注意集中，視空間・構成力は平均ないしはそれ以上に保たれています。全般的な成績低下の大きな要因のひとつには，問題や質問自体の意味がわからないといった当人の中核的な問題が影響している可能性が大きいと思われます。また，名前がなかなかでてこないといった失名辞（意図した単語を適切に使用できない状態）の問題も大きいと思われます。しかしながら，確かに記憶能力の低下がないとは言えず，記憶と意味の障害とが混在している面もあると思います。現在までのところ，全般的に日常生活においては逸脱行為のような問題行動は認められないようです。性格は比較的おだやかで，特に以前より大きく変わったということはないということでした。」

　これらのことおよび当人と家族の希望も考慮し，その後，専門的アプローチとして認知機能トレーニングと精査を継続することになりました。

2　症例からみた認知予備力に関する考察

　本症例は意味性認知症に特徴的な言語の表出理解の障害（呼称・理解の障害）を特異的に示し，アルツハイマー型認知症とはかなり異なる様相を呈していることを，認知機能検査と面談から明らかにしたといえます。本症例の経過を表7-1に示しましたが，病院初診後通院されながら，会社の部長職のまま数年仕事を続けられ，休職をしつつも定年まで全うされた，ある意味驚くべき症例です。Onset（病気のはじまり）から含めると約10年間，意味性認知症であるにもかかわらずなぜ仕事を全うできたのかを考えてみたいと思います。第1に，症例の病前の素養や資質の高さ，すなわち認知予備力（cognitive reserve）の高さが関係あることが予測されます。認知予備力に影響すると考えられてきたことは，教育水準，病前の知能，職業歴，余暇活動，趣味，運動などがあげられます。症例について，この観点でみると，教育歴については，最難関のひとつとされる大学と大学院を修了されているので，高度な教育を受けてきてお

第7章　認知機能における予備力の役割　73

表 7-1　症例の経過

年齢	経過年数	主なエピソード
50歳	onset	言葉の言い間違い，読み間違いがある，一瞬自分の名前が書けなくなった，パソコンの誤字脱字が増える
53歳	（1年目）	当科初診　簡易認知症尺度 19/30　物と名前が一致しない 簡単な漢字が書けない，読めない
54歳	（2年目）	部長職のまま仕事を続ける，会議に出るが，議事録は同席した部下が作成，部下の結婚式に参加，スピーチをする
55歳	（3年目）	部長付きとなり，新しい部長が来る，査定で減給。仕事の内容は単純な分析業務
56歳	（4年目）	会社に行っている，妻と韓国旅行，退社時間よりも早く帰宅することがある
57歳	（5年目）	ゴールデンウィークに遠方の実家に帰るが，実父を認識できない，車の運転を中止
58歳	（6年目）	会社との面談，休職，月に1度，職場の人が自宅に訪問 会社に在籍のまま「認知症型デイサービス」に通う
59歳	（7年目）	小規模多機能型居宅介護に週4日通う 卓球，パターゴルフなどの運動神経は良い
60歳	（8年目）	定年退職
61歳	（9年目－現在）	訪問リハビリ（週1回）　65歳現在

られ，病前知能もかなり高かったことが推測されます。職業については，大学院修了後会社員となり，記録時現在は管理職（部長）であり，本人は国の省から表彰も受けたことがあるくらい有能であった経歴をもっておられました。また，会社内での人望も厚く，部下からも慕われてきた方です。余暇活動に関して，若い頃から好奇心が旺盛で興味があること（山登り，ゴルフ，バスケットボール，スキー，読書，文章を書くこと，詩作，料理，ピアノ，カラオケ，日曜大工，将棋など）はどんどん吸収していくタイプであったといいます。これらのことから，認知予備力が高く，そのことが発症後も機能維持することに働いたのかもしれません。

　さらに会社や家族に疾患の特徴や対処の仕方など医療従事者が十分説明し話し合うことにより，本人を取り巻く人たちに徹底した理解が得られたことです。この背景には，この症例は，元来会社の部下や同僚からの人望が厚い人であったことが功を奏して，本人のために周囲が何とか手助けしようという雰囲気が

図 7-2 認知予備力 − 病気 − 可塑性 − 回復力の繋がり

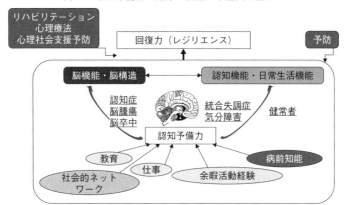

認知予備力＝認知機能の低下を抑える個人の潜在的能力

しばらくあったということも大きいと思われます。また，家族，ことに最も身近な配偶者が，熱心に当人がよりよく生きるための情報を集め，実際に取り組んだという渾身の姿勢が大きな影響を及ぼしてきたと考えられます。

このようにみてくると，認知症において，疾患をもちつつもその後の経過のある程度の機能維持の背景には，その人の病前から蓄積されてきた認知予備力のもたらす影響が大きいことが症例から学ぶことができると思われます。症例ごとのその後の個人差は認知予備力を考慮にいれることによって，一人一人の理解が深まると考えられます。

§3 認知予備力に関した研究紹介

高齢者や認知症以外の疾患やより若い年齢における認知予備力からの視点の検討はまだ十分あるとはいえません。また，様々な神経・精神疾患への認知予備力の考え方の応用も今後考えられると思われます。筆者らはこれまでの臨床経験から認知予備力の考え方を取り入れることによって，より幅広い患者の理解につながるのではないかと考え，認知予備力の観点からいくつか検討してきた研究を紹介することにします。研究の枠組みは図 7-2 に示したように，神経疾患および精神疾患の発症後の認知機能の評価およびそのためのリハビリテー

ションを考える際，発症までに個人個人の中に培われてきた認知予備力を考慮し，そのことによって，今後の回復力や代償力および神経可塑性についてみていこうとすることになります。そのための認知予備力をどのような視点からみていくかですが，認知予備力（CR）のプロキシ（代理指標）としては，病前知能（受動的CR），教育歴（能動的CR），仕事（能動的CR），余暇活動（能動的CR）や社会的つながり（能動的CR）などが考えられてきています。ここであげたプロキシすべてを取り入れた研究はまだそれほど多くはなく，それぞれのプロキシ（特に能動的CR）については測定法の差異や文化差を考慮する必要があると思われます。

1 健常者における認知予備力に関する基礎的研究

　これまでの研究では認知予備力のプロキシとして教育年数のみによって，量的に評価されることが多かったといえます。しかし，余暇活動および仕事（職業経験）も，人の生涯における多岐にわたる活動であり，認知予備力のプロキシとしてどのような指標とするかが研究をすすめるあたっての検討事項です。まず，余暇活動は認知的，身体的，社会的な様々な側面を包括的に持ち，それらが身体的・心理的な健康に異なる影響を与えますが，その効果に関するメカニズムはまだ明らかではありません。そこで，健常者の余暇活動を行う際に必要となる認知的，身体的，社会的な要素について検討することとしました。余暇活動のこれらの3つの特徴を同時に検討できる評価方法を提案し，それらの妥当性を検討しました。幅広い年齢の参加者に対して，余暇活動を行う際に必要となる認知的，身体的，社会的な要素を5段階で評定するように求めました。その結果，最終的に86種類の余暇活動に対して，3つの要素を決定することができ，それらの得点とメンタルヘルスとの間には正の関係があることが示されました。すなわち，これまで行ってきた余暇の得点が高いほど，精神的に健康な傾向が高いということでした（Takiguchi et al., 2023）。この余暇活動の評価方法は，余暇活動の多様な特徴を考慮する臨床研究においての有用性を見込まれるといえます。

　もうひとつ認知予備力を高める要因として，ライフコースにおいて多くの人が経験する職業経験が注目されてきました。職業経験に関しては，どれくらい

専門的で複雑な判断が求められる職業かを示す「仕事の複雑性」という指標が用いられています。仕事の複雑性という指標はジョブマッチングを行うために作成された指標であり，情報処理に関する複雑さ（データ），対人関係処理に関する複雑さ（ヒト），機械や道具の使用，対物処理に関する複雑さ（モノ）の3領域のスコアが職業ごとに割り振られています（United States Department of Lablor, 1992）。これまでの先行研究から，ライフコースにおいて経験してきた仕事の複雑性の高さが，認知予備力を高める要因の一つとして，高齢期の認知機能低下や認知症の発症に対して，保護的に作用する可能性があることが示唆されています（Then et al., 2014）。筆者らは現代にマッチした新しい職業分類データベースシステム日本版 O*NET（Occupation Information Network）（労働政策研究・研修機構，2023）から引き出せる仕事の複雑性についての指標の新たな検討から取り組みました。そのため，新しい職業分類法 O*NET からの日本版仕事の複雑性スコアを開発し，健常者におけるそれらと認知機能との関係を検討しました（滝口他，2023）。その結果，5種類の仕事の複雑性スコア（基本・対人能力，対物管理能力，外国語能力，管理的能力，分析的能力）を決定することができました（滝口他，2023）。また，これらの5つのスコアと認知機能の関係を検討したところ，分析的能力と注意機能，管理的能力と処理測度，および対物管理能力と記憶機能との関連を見出しました（滝口他，2023）。

2 精神疾患における認知機能と認知予備力の研究例

頻度の比較的高い精神疾患のひとつである双極性障害（うつ状態と躁状態を繰り返す病気）患者における認知機能の潜在的な保護因子を明らかにすることを目的として，認知機能と認知予備力の関連性について，認知機能検査，病前IQ，教育年数，余暇活動経験を指標として，患者と健常対照者を対象に検討を行いました。身体活動や睡眠状態を調整して検討した結果，双極性障害患者の言語流暢性，物語記憶，言語記憶が，余暇活動経験と関連することがわかりました。これらの結果から，認知予備力を高めることは，双極性障害患者の言語に関連する高次認知機能に影響を与える可能性があることが示されました（Sato et al., 2023）。

§4 認知予備力という予防的蓄積

　日本人健常者において認知予備力のプロキシとして，病前知能，教育歴，職業経験および余暇活動の評価法について確立してきました。さらに，高齢者や認知症のみならず，精神疾患と神経疾患へのこれらの適用をいくつかおこない，今後さらに深める必要があると思われます。また，健康な人々にとっても，認知予備力という考え方を念頭におくことによって，将来も健康であり続けるための予防や，病気になった後の予後経過や回復にも関係してくる可能性があると思われます。

■引用文献

労働政策研究・研修機構（2023）．職業情報ダウンロード　Retrieved January 1, 2023 from https://shigoto.mhlw.go.jp/User/download

Sato, K., Matsui, M., Ono, Y., Miyagishi, Y., Tsubomoto, M., Naito, N., Kikuchi, M. (2023). The relationship between cognitive reserve focused on leisure experiences and cognitive functions in bipolar patients. *Heliyon, 9*(11), e21661.

Stern, Y. (2009). Cognitive reserve. *Neuropsychologia, 47*(10), 2015-2028.

Stern, Y. (2002). What is cognitive reserve? Theory and research application of the reserve concept. *Journal of the International Neuropsychological Society, 8*(3), 448-460.

Takiguchi, Y., Matsui, M., Kikutani, M., & Ebina, K. (2023). Development of leisure scores according to mental, physical, and social components and investigation of their impacts on mental health. *Leisure Studies*. DOI:10.1080/02614367.2023.2256027

滝口雄太・蝦名昂大・松井三枝（2023）．認知的加齢における仕事の複雑性指標の再考：日本版 DOT と日本版 O-NET を用いて　心理学の諸領域，*12,* 21-34.

Then, F. S., Luck, T., Luppa, M., Thinschmidt, M., Deckert, S., Nieuwenhuijsen, K., ...Riedel-Heller, S. G. (2014). Systematic review of the effect of the psychosocial working environment on cognition and dementia. *Occupational and Environmental Medicine, 71,* 358-365.

United States Department of Labor (1992). *Dictionary of occupational titles,* 4th revised ed. Vgm Career Horizons.

第8章
生涯学から日常生活を科学する

権藤恭之

　継続は力なりといわれます。小さなことでも日々続けて行えば成果が得られるという意味です。人の生涯で考えると，私たちが日常生活において行う活動が，遠い将来において自分自身を支える糧となるという意味になります。本章では，日常生活が高齢期に与える影響を，主に仕事と余暇活動に絞って紹介します。

§1 生活文脈の影響について調べる

1 何に注目すればよいのか

　生活文脈の影響といっても，人間の生涯にわたる活動のどのような側面に注目すればよいのか悩むところです。そこで，筆者らはすでにいくつかの研究で報告がされていた，教育歴，仕事と家事，そして余暇活動に注目することにしました。日本人の平均寿命を大体85歳ぐらいと考えると，教育は約15-16年と人生の約4分の1，その後の人生の約半分の35-40年は仕事や家事，そして最後の4分の1の引退後の約20年は余暇活動などを積極的に行える時間を過ごすことになります。教育，仕事や家事，そして余暇活動はそれぞれの期間における生活文脈を代表する領域だと考えられます。

2 生活文脈の重要性に関する知見

　生涯にわたる生活文脈が高齢期において重要であるとする研究は，すでに多くあります。まず，認知機能の例を紹介します。修道女を対象とした有名な縦断研究（ナン研究）（スノウドン，2004）では，脳がアルツハイマー型認知症の

兆候を示していても，認知テストの成績が低下しない症例が報告されています。その背景として，教育歴の高さ，教師という知的な活動を伴う仕事を長期間していたことが挙げられています。また，詳しくは後で述べますが，単純な仕事より，複雑な仕事をしている方が，同じくアルツハイマー型認知症の発症のリスクが低くなるという報告もあります。余暇活動に関しても，最近の大規模な8年間の縦断研究において，種類によって影響の強さは異なるものの余暇活動が認知機能だけでなく健康状態，運動機能の維持に良い影響を与えていることが報告されています。

　これらのように，生活文脈が認知機能にポジティブな影響を与える理由として，脳も筋肉と同じように鍛えることができるからだと考えられています。有名な研究としてロンドンのタクシーの運転手さんの研究があります（Maguire et al., 2000）。ロンドンでタクシーの免許を取るためには，たくさんの通りとランドマークを覚えたうえで，2地点間を最短で移動する経路をみつけるというテストを受けなければなりません。そして，実際の仕事でも非常に入り組んだロンドン市街でタクシーを運転してお客さんを送り届けなければならないのです。つまり，記憶や空間を把握する機能に対して，強い負荷がかかる仕事だといえます。その人たちの脳の状態を一般の人と比較した研究によると，運転手さんでは海馬と呼ばれる脳部位の容量が大きく，それはベテランになるほど大きかったのです。つまり，認知的に難しい作業を伴うような，脳に負荷がかかる仕事に長期間従事していると，脳の構造が変化し認知機能が向上する可能性が示されたのです。

§2 生活文脈の測定の実際

1 仕事の評価をどうするのか

　これまで，仕事に関しては大きく2つの側面が注目されてきました。1つ目は認知機能に関する側面で，どれだけ認知的に複雑な仕事であるかに注目しています。2つ目は精神的健康や身体機能に関する側面で，仕事における身体的，心理的なストレスに注目しています。ここでは，本章で紹介する研究で主に使われている，前者の認知機能に関する側面の評価方法を説明します。

認知機能に関する側面の評価方法としては，カーンとスクーラー（Kohn & Schooler, 1983）が使った方法が知られています。彼らはそれを仕事の複雑性（Job Complexity）と呼んでいます。複雑性は，仕事をするときにどれくらい複雑な活動が必要かを評価するための概念です。彼らは仕事の内容を，情報処理（データ），対人関係処理（ヒト），対物処理（モノ）の3側面から評価するシステム（Dictionary of Occupational Title；DOT）を利用しています。これは求職場面で求人側と求職側のミスマッチが起こらないように，ある仕事がどれぐらい複雑であるかが記述された資料です。「データ」は，仕事で必要な数値を操作する活動に関する側面です。例えば単純な計算だけが必要な仕事であれば低く，高度な統計を使って様々な判断が求められる仕事では高くなります。「ヒト」は，対人コミュニケーションに関する側面で，指示に従うだけであれば低く，仕事で交渉をしたり人に教えたりする仕事では高くなります。「モノ」は機械の操作などにおける側面で，単純な作業だけが必要であれば低く，工場の精密機器のように複雑な動きの操作が必要な仕事であれば高くなります。ちなみに，DOT において最も複雑性の高い仕事は大学教授とされています。

2 余暇活動の評価をどうするのか

余暇活動の評価はどのようにすれば良いのでしょうか。これは，仕事の評価よりもさらに厄介な課題です。まず初めに余暇活動の定義です。多くの研究では，生活の維持に必要な活動以外の活動を余暇と考えています。ただ，厳密に定義すると難しいところもあります。例えば，お風呂ですが，リラックスするために2時間から3時間ほど入る場合や，温泉に行く場合は余暇活動といえます。またご飯も，家で普通に食事を食べると余暇活動ではありませんが，晩酌をしてリラックスしたり，お友達と一緒に外食したりすれば余暇活動になります。一方，仕事の一環として会食をすればお酒を飲んでいても余暇活動にはならないかもしれません。このあたりをどのように扱うのかは，研究者によって異なると思いますが，リラックスや交流のためであれば余暇活動と考えるのが一般的です。

また，どのような視点から分析するかという問題もあります。特定の余暇活動，例えばテニス，ランニング，コーラス，俳句や短歌，というように個々の

活動の効果に注目すればよいのでしょうか。確かにテニスやランニングをしていれば身体機能によい影響はありそうです。しかし，両者は運動の負荷が異なります。コーラスをしていれば，大きな声を出すので精神的健康に良い影響があるように思えます。さらには，ランニングと同じように運動によく似た心肺のトレーニングの効果，コーラスは一人ではできないので，社会的な交流の効果，様々なよい影響がありそうです。このような余暇活動をどのように分類してその効果を分析すれば良いのでしょうか。

　これまでの余暇活動の研究は，「テレビゲーム」や「ウォーキング」のように多くの人が行う個別の余暇活動に注目した研究，「テレビゲーム」は認知的活動，「ウォーキング」は運動というように活動内容をいくつかに分類してカテゴリーごとの活動状況に注目した研究，内容には注目せず，実施している総数に注目した研究などに分かれていました。余暇活動は無数にあり，さらに人によって何をするかの選択肢も無数にあり，分析が非常に煩雑になります。そこで，カープら（Karp et al., 2006）は余暇活動を実施した時に実施者にかかる負荷を認知，身体，社会の3側面で点数化し，複数の活動をしていた場合に総合的に評価する方法を提案しました。このような方法だと，余暇活動をカテゴリーごとの実施の有無で分析するのではなく，例えばテレビゲームだと各側面につき5点満点で，認知4，身体1，社会2，ウォーキングだと認知3，身体4，社会3といったように，3つの側面の強弱で評価し，もしその人の余暇活動がテレビゲームとウォーキングの2つなら，認知3.5，身体2.5，社会2.5と計算することができます。実際に，カープらの研究では，複数の余暇活動を統合して領域ごとに個人の得点を計算し，認知領域の得点が高い人でその後の認知症の発症が少なかったと報告されています。筆者らの研究室では，高齢期の精神的健康や幸福感にも注目しているので，新たに感情という側面を加えた評価法を開発しています。

§3　生活文脈研究の実際

　ここからは，生活文脈と認知機能の関係を検証した実際の研究成果を3つ紹介します。これらの研究は，私たちが取り組んでいる SONIC と呼ばれる大き

82　第2部　「心」から生涯を捉えなおす

な疫学研究プロジェクトの一部として行われています。研究の詳細に関しては
ホームページをご参照ください[1]。

1　中年期の仕事の複雑性と高齢期の認知機能の関係

　1つ目の研究は，仕事の複雑性が高齢期の認知機能に与える影響を検討した
ものです（石岡他，2015）。この研究では仕事の複雑性をより正確に評価する
ために，①先に紹介したあらかじめ仕事ごとに決まっている値（DOT），②イ
ンタビューで仕事の内容を聞き取り，研究者がディスカッションして判断した
値，③対象者が自分自身で評価した複雑性の値から総合的に，個人の仕事の複
雑性を計算しました。分析対象となったのは，約70歳の参加者824名で，認
知機能の測定項目は推論能力と長期記憶能力でした。推論能力は何らかのルー
ルをもって提示される数字から次に出る数字を予想するという課題で測定しま
した。簡単な問題だと1−2−3−？に4と答えれば正解です。難しい問題だ
と1−6−2−5−3−？と出ます。この場合も4と答えれば正解です。難易
度の高い問題に正解すれば好成績になります。長期記憶能力は1秒ごとに提示
される10個の単語を覚えてもらい，その後どれだけ思い出せるかが成績にな
ります。

　教育歴や子どもの頃の算数，国語の成績といった2つの課題の成績に影響し
そうな要因を統計的に調整して，仕事の複雑性と2つの認知機能の関連を検討
しました。その結果，データの複雑性は推論能力，ヒトの複雑性は記憶能力と
関係していることがわかりました。中年期に複雑な数の操作をしていると，推
論のように複雑な情報処理能力が，ヒトを相手に複雑な仕事をしていたりする
と，ロンドンタクシーの運転手の地図の記憶のように仕事相手や内容に関する
情報を覚えなければならないことが多いために記憶能力がそれぞれ高められた
と考えられたのです。

2　高齢期の余暇活動と認知，運動，精神的健康の関係

　2つ目の研究では，先の研究と同じ約70歳の調査参加者が行っている余暇

---

1)　SONIC ホームページ URL：http://www.sonic-study.jp/

活動が，認知機能，身体機能，精神的健康に与える影響を検討しました（Sala, Jopp, et al., 2019）。この研究では，余暇活動が認知機能や身体機能，精神的健康に与える直接的な影響に加えて，余暇活動が認知機能に与える影響が身体機能に波及する効果やまたその逆の効果など，それぞれの機能が相互に与える影響も同時に検討しました。その結果，余暇活動の実施数は，身体機能，認知機能，精神的健康の高さにそれぞれに直接影響することがわかりました。また，認知機能は身体機能に，身体機能は認知機能にそれぞれ影響を与え合うこともわかりました。最近の研究では，運動習慣があると心血管系や循環器系の疾患が少なくなることや，筋肉が放出するホルモンなどが認知機能の維持に役立つことなどが報告されています。また逆に認知機能が高い方が運動をする機会が増えるかもしれません。この研究は1時点のデータのみを使った横断的研究なので，これらの因果関係に関しては結論付けることができません。今後，長期間追跡したデータを使って両者の関係を明確にしたいと考えています。

3 教育歴，中年期の仕事，高齢期の余暇活動と高齢期の認知機能の関係

　3つ目の研究は，先の2つの研究では別々に分析していた仕事と余暇活動が認知機能に与える影響を同時に確認したものです（Ishioka et al., 2023）。この研究では，約70歳に加えて約80歳の参加者を加えて合計1721名を分析対象としています。分析は，人生の時間経過の流れにそって，①教育歴が仕事の複雑性および余暇活動に与える影響，②そして仕事の複雑性と余暇活動の関係，③最終的にそれらが認知機能に与える影響を検証しました。この研究でも余暇活動は実施数で評価しています。その結果は図8-1に示すように，教育歴の高さは，仕事においてデータとヒト領域の複雑性の高さと関連していました。しかし，モノの領域では逆の関係が示されました。また，領域に関わらず仕事の複雑性が高いほど余暇活動の実施数が多い，つまり多様な余暇活動をしているという傾向もみられました。認知機能に直接影響があったのは，仕事のデータの複雑性と，余暇活動でした。教育歴は直接の影響ではなく，余暇活動や仕事の複雑性を介した間接的な影響がみられました。

　この分析の結果の重要な点は，大きく分けて2つあります。1つは教育歴が，直接認知機能に影響するのではなく，生活文脈を媒介して認知機能に影響して

図 8-1 教育年数，仕事の複雑性，余暇活動と認知機能の関係

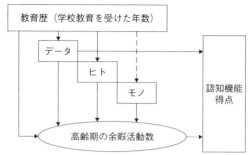

有意な関係の観察されたもののみ図示した。実線は正の関係，点線は負の関係を示す。データ，ヒト，モノは仕事の複雑性（p.80参照）。認知機能得点は，MOCA-Jの得点，年齢と性別および子どもの頃の学校の成績は調整済み。教育歴は具体的には中学，高校，短大・大学というカテゴリーを用いて分析している。

いたことです。これは，教育歴が長い人生を通じて個人の生活文脈に影響すること，そしてそれが高齢期の認知機能に影響することを示唆するものでした。また，仕事と余暇活動の両方が高齢期の認知機能に影響していることも，重要な知見といえます。生涯現役というように高齢期にアクティブに生活することが認知機能の維持につながることを示唆しています。

§4 生活文脈に対する介入の可能性

ここまで紹介したように，長期にわたる生活文脈の経験は人生の後半において様々な影響を与えます。では，同様の現象を意図的につくり出せるのでしょうか。

1 認知訓練の波及効果の限界

どのような認知訓練が幅広い認知機能を向上させることができるのか，という問題は長らく議論の的でした。例えば，幅広い認知活動に関連する重要な認知機能の一つである作動記憶を訓練すると，幅広い認知機能の向上に役立つと期待されています。しかし，実際には同じ記憶機能を測定するような類似性の高いテストの成績の向上（Near transfer）は認められますが，推論，言語に関

する課題や認知コントロールといったあまり類似性のないテストの成績の向上（Far transfer）は起こらないことが知られています（Sala, Aksayli, et al., 2019）。また，もう少し複雑な認知機能の要素を含むテレビゲームやチェスなどのゲームの効果もほとんどないことが指摘されています。認知機能が鍛えられるからといって脳トレをすれば良いというほど単純ではないようです。

2 認知訓練の波及効果の可能性

　一般高齢者に対する認知機能に関する短期の介入の効果は小さいですが，認知機能が低下しつつある高齢者にとっては，効果があると考えられています。例えば日本で開発されたコグニサイズと呼ばれる，頭を使いながら体を動かすプログラムは，認知症の前段階であるとされる軽度認知障害（MCI：Mild Cognitive Impairment）の人たちの認知機能の改善に効果があることが知られています。また，フィンランドで開発され世界各国で行われている，Finnish Geriatric Intervention Study to Prevent Cognitive Impairment and Disability（FINGER）や，同様に認知機能の低下のリスクを示す高齢者に対して，食習慣，運動習慣，認知的訓練，心血管の健康，社会的な活動の5つの領域に対して恒常的に介入を行うプログラムで，幅広い健康の指標に効果があることが報告されています（Ngandu et al., 2015）。このように複数の側面から介入を行うことが効果的であるのは，普段私たちが生活している文脈がいかに重要なのかを示唆するものです。

§5 時代とともに変化する生活文脈

　ここまで，生涯にわたる生活文脈が高齢者の認知，身体，精神的健康に影響することを紹介しました。ただし，今回紹介した研究は，あくまでも現在の高齢者の過去の生活文脈を反映したものです。現在の生活文脈は過去のそれとは大きく変わっています。例えば，昔は舗装されていなかった道がアスファルト舗装されています。階段しかなかったところにエスカレータが設置されています。このような公共インフラの変化は運動負荷の違いを生んでいると考えられます。一方，様々なスポーツをする人が増えてきている現状もあります。また，

昔はテレビゲームなどはなかったですが，今は子どもの頃からテレビゲームに親しんでいます。認知的な処理の速度は速くなっているかもしれません。一方で，子どもを対象にした調査では，運動時の身体の制御能力が低下しているとの報告もあります。ヒトの側面が記憶と関係しているという結果を紹介しましたが，今後デジタル化がすすむと，ますます対人交渉場面は減少していくでしょう。一方で，仮想現実空間などが普及すると仕事とは異なった場面で，対人関係で複雑な認知的活動をしなければならなくなるかもしれません。

　このように時代とともに変化する日常生活の在り方から，現在の若い世代が高齢期になったときの，認知，身体，精神的健康に影響する要素を抽出して研究していくことが必要になるでしょう。

■引用文献

Ishioka, Y. L., Gondo, Y., Fuku, N., Inagaki, H., Masui, Y., Takayama, M., … Hirose, N. (2016). Effects of the APOE ε4 allele and education on cognitive function in Japanese centenarians. *Age, 38*(5-6), 495-503.

石岡良子・権藤恭之・増井幸恵・中川　威・田渕　恵・小川まどか・神出　計・池邉一典・新井康通・石崎達郎・髙橋龍太郎 (2015)．仕事の複雑性と高齢期の記憶および推論能力との関連．心理学研究，*86*(3)，219-229.

Ishioka, Y. L., Masui, Y., Nakagawa, T., Ogawa, M., Inagaki, H., Yasumoto, S., … Gondo, Y. (2023). Early-to late-life environmental factors and late-life global cognition in septuagenarian and octogenarians: The SONIC study. *Acta Psychologica, 233*, 103844.

Karasek, R. A. (1979). Job demands, job decision latitude, and mental strain: Implications for job redesign. *Administrative Science Quarterly, 24*(2), 285.

Karp, A., Paillard-Borg, S., Wang, H.-X., Silverstein, M., Winblad, B., & Fratiglioni, L. (2006). Mental, physical and social components in leisure activities equally contribute to decrease dementia risk. *Dementia and Geriatric Cognitive Disorders, 21*(2), 65-73.

Kohn, M. L., & Schooler, C. (1983). *Work and personality: An inquiry into the impact of social stratification.* Ablex Publishing Corporation.

Maguire, E. A., Gadian, D. G., Johnsrude, I. S., Good, C. D., Ashburner, J., Frackowiak, R. S. J., & Frith, C. D. (2000). Navigation-related structural change in the hippocampi of taxi drivers. *Proceedings of the National Academy of Sciences of the United States of America, 97*(8), 4398-4403.

Ngandu, T., Lehtisalo, J., Solomon, A., Levälahti, E., Ahtiluoto, S., Antikainen, R., …

Kivipelto, M. (2015). A 2 year multidomain intervention of diet, exercise, cognitive training, and vascular risk monitoring versus control to prevent cognitive decline in at-risk elderly people (FINGER): A randomised controlled trial. *Lancet* (*London, England*), *385*(9984), 2255-2263.

Sala, G., Aksayli, N. D., Tatlidil, K. S., Tatsumi, T., Gondo, Y., & Gobet, F. (2019). Near and Far Transfer in Cognitive Training: A Second-Order Meta-Analysis. *Collabra: Psychology, 5*(1), 18.

Sala, G., Jopp, D., Gobet, F., Ogawa, M., Ishioka, Y., Masui, Y., … Gondo, Y. (2019). The impact of leisure activities on older adults' cognitive function, physical function, and mental health. *Plos One, 14*(11), e0225006.

スノウドン，D. 藤井留美（訳）（2004）．100 歳の美しい脳：アルツハイマー病解明に手をさしのべた修道女たち　DHC

第9章
睡眠中にみる夢を味方に人生をデザインする
松田英子

§1 夢と生物・心理・社会モデル

　私たちに毎晩訪れる睡眠と夢。みなさんがみる夢にはどんなものがあるでしょうか。アニメや漫画の世界のような非現実的なファンタジーの夢，憧れの人が夢に出てきた，プロ選手に交じりスポーツで大活躍した，美味しい物を食べたなど，目覚めたときに夢だったかと残念で続きをみたくなるような夢は，起きた後も楽しくて良いですね。一方，焦って恐怖で飛び起きて夢で良かったと安堵する悪夢はなるべくならみたくないものです。夢の研究史は，精神分析学的夢解釈の第一世代から，夢見の生理心理学的メカニズムを解明をした夢研究の第二世代，夢見を認知科学的，神経科学的に説明することに取り組む第三世代から構成されていますが，夢は私たち心理学者の関心も古くからひきつけてきた研究テーマです（松田，2023）。

　この章では，私たちの心がどのように夢に関わっているのか，夢を生物・心理・社会モデルで捉えていきます。夢を生み出す睡眠のメカニズム（生理学的要因），夢に出てくる情報の個人差（心理学的要因），悪夢に影響する生活上のストレス（社会学的要因）をふまえ，夢の生涯発達的変化を眺めていきましょう。

§2 夢を生み出す睡眠のメカニズム

　1950年代以降夢をみる睡眠のメカニズムが解明され，ケガや腫瘍などで脳

に損傷がある場合を除き，たいていの人は毎晩3個から5個の夢をみていることがわかっています。そんなにたくさんの夢をみていないという人がほとんどですが，夢をみていないのではなく，みた夢を忘れてしまい，覚えていないということなのです。事実，睡眠実験室でレム（Rapid Eye Movement）睡眠（眼球だけが急速に動くものの体がぐったり弛緩している睡眠）のときにそっと起こすと，普段はほとんど夢を覚えていない人も夢を報告できて，本当にみていたと驚きます。米国の睡眠医学者アラン・ホブソンらは，レム睡眠中に脳幹の橋という場所から信号が発生し，感覚や感情，記憶の回路が活性化すると考えました。その活性化によって生じたイメージなどを，思考をつかさどる大脳の前頭前野がまとめ，夢に仕立てているという「活性化合成仮説」を提唱しました（ホブソン，2003）。まるで毎晩自分の脳の中だけで，何本かの短編映画が上映されていて観客は自分一人だけの深夜の映画館のようです。

　睡眠中には，浅い睡眠（まどろみ）と深い睡眠（熟睡）から構成される「ノンレム睡眠」と夢をみる「レム睡眠」の時間帯とがセットになり，約90〜100分周期で何回か繰り返されます。現在は睡眠計測機能を備えたリストウォッチなど，睡眠を手軽に可視化できる時代になりましたので（松田，2021a），2種類の睡眠のリズムをご覧になったことのある方も多いのではないでしょうか。

　思春期から成人期までは，全睡眠の約20％はレム睡眠の夢をみる時間帯で構成されています。夢をみる理由，すなわち何のために夢をみるのかは明確にはわかっていません。脳の疲労を回復するためだけなら深いノンレム睡眠だけで事足りるわけですが，少なくとも睡眠中には過去の記憶情報を整理していて，その整理された記憶の断片が夢に現れることがわかっています。より良く明日を生きるために重要な情報を保存し，蓄積された情報を整理し，未来に起こりうる様々な危機事態に備えているかのようです。睡眠も加齢によって変化します。中年期になると深いノンレム睡眠が減ることで熟眠感が減り，高齢期になるとレム睡眠が減ることで夢が少なくなります（松田，2021a）。

§3 夢の素材—夢を構成する情報と個人差

1 夢を覚えていること—あなたは昨晩みた夢を覚えていますか

　みた夢のすべては覚えていないし，一度思い出さないとすぐに忘れてしまうのが夢ですが，実は夢を覚えている度合いには個人差があります。ここ数年夢なんて覚えていないという人から，毎日のように夢をみる人，さらには一晩に2個も3個も夢を覚えている人もいます。まるで現実であるかのように生々しい夢や現実以上に鮮明な夢は記憶に残ります。私の夢研究はこの個人差を，夢をみる人のパーソナリティとその人がおかれた状況（現実生活のストレス）で説明することから始まりました。感情安定性に関わる神経症傾向の高い性格，創造的思考に関わる開放性の高い性格の方は夢をよく覚えています（鈴木・松田，2012）。夢をよく覚えているのは，どちらかといえば心配性で不安傾向の強い人。逆に夢を覚えていないのは，情緒が安定しており，ストレスに柔軟に対処できる人です（松田，2006）。普段夢を覚えていない人もストレスの負荷がかかればよく夢を覚えているようになります（鈴木・松田，2012）。

2 夢の中の「私」と現実の「私」—夢と現実の連続性仮説

　みなさんの夢にはどんな記憶が出てきますか。思いもよらぬ人が夢に出てくると驚きますよね。そもそも夢の中に出てくる人物やモノや設定は，何から出てくるのでしょう。自分がその人を気にしている，あるいは夢に出てきた人が自分に何かメッセージを伝えようとしていると解釈する人もなかにはいるかもしれません。心理学では正夢や予知夢と捉える心のメカニズムを認知バイアス（直観や先入観により非合理的な判断をしてしまう傾向のこと）で説明しようとする研究もあります（ワイズマン，2012）。

　夢をみる「私」と現実を生きる「私」はもちろん同一人物で連続していますし，夢に登場する情報のもととなっているのは，起きているときの「私」が現実生活でふれた膨大な情報で，意識できる情報からサブリミナルな情報まで様々です（夢と現実の連続性仮説：Domhoff, 2017; Schredl, 2017）。つまり私たちの夢には過去の生活から現在の生活まで直接あるいはメディア等で間接的

に体験した出来事，出会った人やモノの記憶が現れます。毎晩周期的に訪れるレム睡眠では，これらの情報を過去の情報と関連づけて，自分にとって重要な情報を保存したり，それほど重要でない情報を削除したりと整理作業を行っていると推測されています。なぜあの人が（モノが，コトが）夢に出てきたのだろうと感じる体験があったとしたら，それは新しい記憶を保存する際にひっかかった記憶か，保存場所が近い記憶かもしれません。何らかの点で類似している情報は一緒に夢にひっぱられて出てくる印象を持っています。

　夢を覚えているかどうかだけではなく，夢の感覚や感情，そして内容にも個人差はみられます。情報の種類も，見る，聴く，動く，話す，触れる，嗅ぐ，味わうなど様々です。一般的に夢を「みる（見る）」と表現するのは視覚の夢が多いからですが，その他聴覚や運動感覚も多いです。音楽に関わるお仕事，部活動や生活を送っている人は聴覚の夢の割合がさらに多いでしょうし，割合としては嗅覚や味覚の夢はかなり少ないのですが，食品に関わるお仕事をしている方や食いしん坊の美食家は味わい香りを楽しむ夢が比較的多いでしょう。熱中して取り組んでいることや仕事柄よく使う感覚，敏感な感覚が夢に現れやすくなります。

　若い頃はよく夢を覚えていた人も，年齢を重ねると夢を覚えていることが少なくなります。加齢により睡眠時間が減少することでみる夢の数が減ることも影響しますが，その他記憶力の減退だけではなく，鮮明で強い感覚や感情の体験が乏しくなる傾向，いわゆる「夢が淡くなる」現象（Funkhouser et al., 1999）が起こるため，夢はみてはいても記憶に残りにくい可能性があります。そして鮮明なカラーの夢は減り，モノクロやセピア色の夢も増えます（Okada et al., 2011）。原因は明確には解明されていませんが，加齢で夢が淡くなる現象には子どもの頃白黒のテレビや映画を観ていたことが影響しているという説もあります。

§4 生涯発達と夢のテーマ

1 夢に頻出するテーマ

　「空飛ぶ夢」は古今東西よくみる夢のテーマです。平泳ぎタイプ，大きなジ

ャンプタイプ，自転車のように漕ぐタイプ，箒や絨毯に乗るタイプなどバリエーションも豊富です。しかし注意深く夢をみていくと，そのテーマは年代によって特徴があることがわかります（松田，2023）。

　子どもの夢のテーマは冒険など空想の夢や遊び，習い事，スポーツの夢が多く，怖い夢が多いことも特徴です。つづく思春期，青年期の夢のテーマはまさに「アイデンティティの確立」で，進路，試験，試合，学校，友人，恋人との関係など，人生における自分の選択に関わる現実的な夢と，同時にあこがれの有名人や性的な夢が多くなります。その後，成人期の夢のテーマは「役割に伴うストレス」です。自分が責任を持つべき他者，例えば仕事関係（部下，同僚），家族（子ども，夫婦，親の介護）を心配する夢が多いです。子育てや生活上の重要な時期に少し余裕が出てくると，過去の出来事や趣味なども夢に登場します。ここを乗り越えて高齢期に至ると，人生の振り返り（履歴を辿るような）や亡くなった人との再会の「ノスタルジー」のテーマなど，旅行や趣味，健康に関連するテーマも増えます。人生の熟達者としての余裕が出るためか，不快な感情の夢が減り，昔の楽しい記憶が現れる夢が増えます。

　夢の頻出テーマの中でも，「空飛ぶ」，「何度も何かにトライする」，「死者が夢の中で生きている」，「落ちる」，「美味しいものを食べる」，「お金を見つける」夢は加齢とともに増える傾向，逆に「学校・先生・勉強」，「間に合わない」夢は年齢とともに減る影響があります（Mathes et al., 2014）。

　一方，年代を問わず多いテーマは，「間に合わない」，「うまくいかずに何かに何度もトライする」などです。遅刻や失敗は自分の否定的評価に関わるため，集団で生きる動物としての私たちにとっては進化的，適応的にも重要なテーマと考えられます。約束の時間に間に合わない時に，相手に連絡しようとするが，思うように番号を押せない，電波がつながらない夢などをみたこともあると思います。昔ならダイヤル式の黒い電話，ピンク色のプッシュホン式の電話，ポケベル，携帯電話から，今やスマートフォンです。今も昔も「つながらない」テーマは多い点では変わりませんが，インターネットの接続が悪くレポートを送信できない，LINE でメッセージが送信できないなど，数十年前にはなかったような夢が確認されるなど，夢のディテールは時代や文化によって違います（松田，2021b）。

2 夢の記憶も川の流れのように

　私たちは早ければ3歳頃，多くは4〜5歳頃からみた夢を思い出し話し始めます。思春期・青年期にかけて夢の想起はピークを迎え，中年期以降ゆるやかに減少しますが，レム睡眠自体が減少するのは80代以降です。私の夢研究にご協力いただいている方には幼児から90代のお元気な高齢者までおられます。この人生を終えるときまで，私たちは眠り，夢をみつづけますので，夢の記憶は自分が生きてきた人生の歴史そのものです。人生が順調な時は夢もさらさらと川のように流れ，あまり記憶に残りませんが，生活上大きな出来事を体験しているときは，あたかも大きなこぶや落差があるように流れが急になる，くぼみに滞留するように悪夢をみるのです。私たちが気になっていることは夢に出てきやすいので，特に印象に残った夢をみた場合には，夢の中で体験した感情と行動に注目した自己分析をお勧めします。

　悪夢を多くみるのは子どもから思春期，青年期で，これは未来の危機に備える夢のシミュレーション仮説で説明できそうです。記憶を整理する夢の中で，これから起こりうることへの対処のシミュレーションをしているという仮説です。低年齢ほど，ストレス対処能力，危機対処能力が未成熟なので，大人からみれば些細なことにも大きな不安を抱き，悪夢をみやすいようです。しかし年齢を重ねると，平均的には悪夢は減少します。これまでの経験を活かし，知識やスキル，方略をどう活用するかの余裕も出てきて，夢の中でシミュレーションしているような夢の報告もたくさんあります。

§5 悪夢の語りが教えてくれること

1 悪夢の原因とテーマ

　私は臨床心理学が専門分野なので，心理カウンセリングを行う中でふとクライエント（来談者）が夢を語るときがあります。それは大概が不快な感情を伴う夢で，クライエントがその時点で直面している出来事と関連しています。例えば，いじめで視線が怖くて登校できない，夫婦関係がうまくいかない，災害や事故・事件に遭遇してその場面がよみがえってくる，仕事上のプロジェクトがうまく進んでいないが納期が迫っている，職場の人間関係のトラブルにまき

94 第2部 「心」から生涯を捉えなおす

こまれた時などです。そんなとき，夢の中でも終わらない仕事を行って焦る夢，追いかけられて，追い詰められて崖から落ちる夢などをみて，起きた時にすでにぐったり疲れているといった夢の報告もあります。寝ているときも起きているとき同様，ストレスでいっぱいで気の毒です。

　しかし悪夢をみたとしても，予定されていた時間まで寝続けられる場合にはそれほど心配ありません。夢にはネガティブな感情の処理機能が仮定されているからです。しかしながら，恐怖感情がピークに達した時に目が覚めてしまう悪夢の場合には注意が必要です。睡眠が中断されてしまい，起きた時にも非常に不快な感情が残りますので，何らかの対処が必要です。

2 悪夢治療最前線

　アメリカ睡眠医学会の成人の悪夢治療のガイドライン（Aurora et al., 2010）で推奨される心理療法は認知行動療法が主体です。悪夢を減らすために有効な認知行動療法に共通するのは，悪夢をみた後にイメージ上で「悪夢の悪い筋書きを肯定的に書き換える」技法です。悪夢の結末を，相手と戦い勝ったあるいは和解した，自分をしっかり主張できた，誰かが助けてくれて事なきを得たなど，その人がしっくりする筋書きに変えることができたら，次第に悪夢は減っていくでしょう（松田・川瀬, 2023）。つまり悪夢の原因に対して，イメージ上で対処し解決していくわけです。夢のイメージを使って認知的な対処のシミュレーションをすることは，現実的なストレスへの対処の可能性を増します。

　悪夢治療のガイドラインにある技法の1つに「明晰夢」があります（松田, 2021a）。レム睡眠中に「自分は今夢をみている」と自覚する夢を指します。明晰夢自体が稀な現象ですが，さらに自分の望むように行動を変え，筋書きを自由にコントロールできる人は悪夢のままでは目覚めません。ここの筋書きはあまり納得いかなかったので，最初からやりなおす，あるいは途中まで巻き戻すなどして，納得いくまで睡眠中に夢を書き換えることができるのです。

3 夢を「他者」の視点からモニタリングする明晰夢

　普通の夢は，毎晩自分の脳の中で自分以外はみられない映画が何個か上映されているようなものですが，自分自身は映画の主人公として，違和感なく夢の

中で奮闘しています。夢をみている最中は不合理とは思いませんが，起きてから思い出すと，奇怪で，そして多くの場合焦りや不安などの感情を伴っています。まるでもう一人の自分の人生のエピソードが展開されているように感じます。悪夢で目が覚めたあとは，頬や手の甲をつねって夢で良かったと安堵します。ところが，明晰夢をみている人は，夢の中で自分をつねったが痛くないから夢だ！と気づくのです。明晰夢の中では，まさに自分自身が映画の主人公でありながらも，同時に映画のプロデューサーのように第三者的な「他者」の視点で，夢をモニターする「自分」もいて，本当に特殊な夢のため，普通の夢とどう異なるのか，共同研究者と睡眠実験で調べています。

4 夢日記のススメ―夢の記憶は自分史を表す

　意識の奥深くに眠っていた記憶が夢でよみがえると，不思議な気持ちになりますよね。夢の謎解きに興味があるならば夢日記をつけるのもひとつの方法ですよ。現実の出来事と夢がどうリンクしているかがわかりやすいので，スケジュール帳に夢を記録し，その日あった出来事と夢の中に登場した出来事を比較することがおすすめです。「この映画を観た後，あの人のことを思い出したからこんな夢をみたのか」などと記憶と記憶の結びつきがみえてくるかもしれません。リンクしやすいのは1，2日前の出来事ですが，興味深いことに6，7日前の出来事も影響していることが多いこともわかっています。

　私たちヒトの人生の約3分の1の時間を睡眠に充てるなら，約12分の1〜15分の1は夢をみている時間と考えられます。人生100年時代は夢みる時間も長いのです。「夢をみる」時間のうち覚えていることができた夢の情報をうまく活用して，自分の今の状況や心の調子を知ることに活かしていただければと思います。夢の中の自分は他者のように感じられるかもしれませんが，これもまた自分ということになります。夢の記憶は現実の記憶のアナグラムのようなものであり，自分史を表しているといえるでしょう。

■引用文献

Aurora, R. N., Zak, R. S., Auerbach, S. H., Casey, K. R., Chowdhuri, S., Karippot, A., …

Morgenthaler, T. I. (2010). Best practice guide for the treatment of nightmare disorder in adults. Standards of practice committee. *Journal of Clinical Sleep Medicine, 6*, 389-401.

Domhoff, G. W. (2017). The invasion of the concept snatchers: The origins, distortions, and future of the continuity hypothesis. *Dreaming, 27*(1), 14-39.

Funkhouser, A. T., Hirsbrunner, H. P., Cornu, C., & Bahrg, M. (1999). Dreams and dreaming among the elderly: An overview. *Aging and Mental Health, 3*(1), 10-20.

ホブソン，J. A.　冬樹純子（訳）（2003）．夢の科学―そのとき脳は何をしているのか？　講談社

Mathes, J., Schred, M., & Göritz, A. J. (2014). Frequency of typical dream themes in most recent dreams: An online study. *Dreaming, 24*(1), 57-66.

松田英子（2006）．夢想起メカニズムと臨床的応用　風間書房

松田英子（2021a）．はじめての明晰夢―夢をデザインする心理学　朝日出版社

松田英子（2021b）．夢を読み解く心理学　ディスカバー・トゥエンティワン

松田英子（2023）．1万人の夢を分析した研究者が教える今すぐ眠りたくなる夢の話　ワニブックス

松田英子・川瀬洋子（2023）．悪夢を主訴とする高校生へのイメージエクスポージャーとイメージリスクリプトの適用　カウンセリング研究，*56*(2)，69-78.

Okada, H., Matsuoka, K., & Hatakeyama, T. (2011). Life span differences in color dreaming. *Dreaming, 21*(3), 213-220.

Schredl, M. (2017). Theorizing about the continuity between waking and dreaming: Comment on Domhoff (2017). *Dreaming, 27*(4)，351-359.

鈴木千恵・松田英子（2012）．夢想起の個人差に関する研究　―夢想起の頻度にストレスとビックファイブパーソナリティ特性が及ぼす影響―　ストレス科学研究，*27*，71-79.

ワイズマン，R.　木村博江（訳）（2012）．超常現象の科学―なぜ人は幽霊が見えるのか　文藝春秋

第10章
高齢者との会話を知る
会話の認知的加齢研究

原田悦子・澤田知恭

§1 認知的な加齢とは何だろうか

　人は年を重ね，高齢になることでどのように変わっていくでしょうか。かつて老年学研究で扱われていたのは，癌と認知症という「高齢になるにつれて疾病率が急激に高くなる二大疾病」でした。とりわけ認知症は，今でも加齢と結び付けて考えられることが多く，実際，65歳以上で約16％，80歳代後半になると男性35％，女性44％が認知症と推定されています[1]。

　しかしこの数字の通り，高齢になってもすべての人が認知症になる訳ではなく，健康な高齢者もいます。それでは健康な高齢者は，若年の成人とどのように違うのでしょうか。健康であれば，成人はみな同じで，特に変化はないのでしょうか。とりわけ一般に「頭の働き」と呼ばれる，何かを理解したり，判断したりといった「人が頭の中で行っている情報処理」についてはいかがでしょうか。

　まず，認知症ではない健康な高齢者を思い浮かべてみましょう。その人の日常の立ち居振る舞いは高齢になる前，若い成人と全く同じで変わらないでしょうか。一般の人にこのように尋ねると，多くの答えは「記憶が悪くなる」「反応が遅くなる」「（目や耳は悪くなり，歩くときふらつくなど運動能力は落ちるが）頭の働きは変わらない」の3種類にまとまるように思います。

　ではこれらの3つは事実でしょうか。上記のような頭の中の働きを明らかにする認知心理学領域では，1980年代から「認知的加齢とは何か」との課題に多

---

1) 東京都健康長寿医療センター研究所「認知症と共に暮らせる社会をつくる」より（https://www.tmghig.jp/research/topics/201703-3382/）。

98　第2部　「心」から生涯を捉えなおす

くの研究者が取り組んできました。その結果をまとめると，上記3つの答えは
いずれも Yes-and-No，当たっているところも違うところもあると考えられます。

　たとえば「記憶が悪くなる」ですが，エピソード記憶と呼ばれる記憶（自分
自身がある時ある場所で何を経験したかということを意識上で想起する記憶）
は加齢によって大きく低下しますが，「日本はアジアの国の一つ，首都は東京」
といった意味記憶，すなわち知識として自動的に想起される記憶は機能が落ち
にくいことが示されています（1章参照）。また「反応が遅くなる」ですが，ラ
ンプが点灯したらボタンを押すといった単純な反応時間では若年成人と高齢者
の差はごく小さいのですが，「赤いランプの時は右，青いランプの時は左ボタ
ンを押す」といった「判断を伴う課題」での反応時間は加齢によって大きく遅
れます。

　「頭の働きは変わらない」という意見については「目や耳は悪くなり，歩く
ときふらつくなど運動能力は落ちたとしても」という付帯条件との関係が複雑
です。加齢によって，感覚・知覚機能，身体・運動機能が低下してくることは
広く知られています（6章参照）。このときヒトは「低下したそれらの機能を
補うために」頭の中の処理のエネルギー（注意容量）をそれら機能により多く
向けていき（例：聞き取ることに注意を向ける，よろけずに歩けるようエネル
ギーを注ぐ），その結果としてその時に生じている事柄の記憶や判断といった
いわゆる高次認知課題の成績が低下する（例：歩きにくい場所を歩きながら話
を聴くとその理解・記憶が低下する；音を聞き取りやすくすると記憶の成績の
加齢変化は小さくなるなど）ことが，心理学実験で様々に示されてきました。
一言でいえば，「健康な加齢による認知的な変化は，決して単純な現象ではなく，
なかなか状態をつかみにくい，しかし確実に何かが生じている」と考えられて
います。

　心理学では，様々な「頭の中の働き，情報処理」をまとめて認知機能と呼び
ますが，これは実際に「言葉で答える」「ボタンを押す」といった個々の「観察で
きる」反応そのものを指しているのではなく，そうした反応が出てくるまでの
「頭の中で行われている様々な情報処理の過程」を対象としています。たとえば
「朝ごはんは何がいい？　パン？　ごはん？」と尋ねられて「今日はホットケー
キが食べたいな」と発言する時，質問されたことを日本語として理解し（言語理

解），パンとごはんの朝食を思い浮かべ（意味処理），自分が今食べたいものを決め（意思決定），それを言葉で表現する文を組み立てる（言語産出），といった情報処理＝認知過程があると考えます。そして現状では，特に認知的加齢を考える際に重要な，加齢で大きく影響を受ける認知過程は個別の認知過程を一つにまとめあげていく認知的制御機能であり，そのため少しでも複雑で認知的負荷の高い課題を実施するときに高齢化の影響が強く出てくると考えられています。

　こうした認知的加齢は，言語を用いたコミュニケーションにも影響を与えています。高齢の人との会話に「何か少し違う」という印象をもったことはないでしょうか。話のテンポが遅い，同じ言葉が何度も出てくる，話がいつ終わるのか（いつ自分が話す番になるのか）がわかりにくい等の感想を持つことはありませんか。もう一歩踏み込むと，「高齢の人と会話をするのはちょっと大変だな」と感じたことはありますか。

　筆者らの研究室では，健康な加齢において会話がどのように変化するのか，特に高齢者と若い世代の人との会話はどのように変化しているのか，その結果若年者にとっての「高齢者との会話の認知的負荷」がどのように生じているのかを，心理学実験・調査を通じて明らかにしようと試みています。その目的は，一つには「高齢者との会話負荷を少なくするための方法を考える」こと，もう一つは「人の会話においてどのような認知的制御が行われているのかを明らかにする」という会話の認知科学研究にあります。その研究成果を少しご紹介します。

§2 認知心理学研究に基づく高齢者との会話の特性

1 高齢者との少し変わった会話：事例

　まず，高齢者と若年の成人との会話事例を一つ紹介します。表10-1は，食品通販会社のお客様相談窓口電話での会話です（池永・原田，2018）。定期購入されていたドリンクを解約したい（らしい）という申し出に対し，所定の手続きの後に，オペレータ（30-40歳）がその内容を確認して会話終了の段階に入ろうとした時に生じたやりとりです。まず印象的なことは，オペレータと高齢の顧客との間で，何度も発話の重複が生じていることです。また「確かに承りました」という，会話を締めくくるものとして特徴的なオペレータの発話に

100　第2部　「心」から生涯を捉えなおす

表 10-1　会話事例：お客様相談窓口での高齢顧客との電話会話（一部改編）（池永・原田，2018）

（それまでの定期購入を解約したいとの連絡に対し，顧客情報等を確認した後）		
1	オペレータ	：あのもし万が一ですが，何か確認したいことがあれば，お電話させてもらうか 　もわかりませんが。
2	高齢者	：[はい，いいですよ。]
3	オペレータ	：[　　ええ。　この　]XX のドリンクを，もうこれからはおた，
3	オペレータ	：ご注文されないということで [確かに承りました。　　　　　　]
4	高齢者	：　　　　　　　　　　　　　 [そうです。まだわからないです]
5	高齢者	：けどね。
6	オペレータ	：→はい？
7	高齢者	：今のところはまだ二箱あるから。
8	オペレータ	：あ，まだ二箱お持ち [で＊＊]
9	高齢者	：　　　　　　　　　 [ひと，] 一人で飲んでますから。

注) [ ] は発話が重複していることを意味する。

重複して「まだわかりませんけどね」という，さらに会話を続ける発話がなさ
れ，再びユーザの状況確認（手元に二箱残っているので購入しない）のやりと
りが続くことになりました。最終的には購入解約手続きをして目的は達成され
ますが，会話としてはちぐはぐで，スムーズでない様子がうかがわれます。

　もちろん，こうしたちぐはぐな会話は若年成人同士でも起こりえます。しか
し，高齢者との会話ではこうした現象がしばしば生じることがこれまでの研究
で明らかになりました。なぜこうした「流暢ではない」会話になってしまうの
でしょうか。

2　会話中に生じる認知処理（その1）―二重課題

　日常生活で行われる認知処理ではしばしば二重課題が出てきます。二重課題
とは，例えば授業や会議に出て話を聞きながら友人からのメッセージに返事を
送るといった「異なる二つ以上の課題に同時に取り組む」状況です。前述の
「話しながら歩く」も二重課題です。一般に二重課題状況下ではそれぞれの課
題の反応の速さや正確性といったパフォーマンス（課題成績）は低下します。
実際，二重課題自体が人にとって負荷の高い認知処理とされています（Barthel
& Sauppe, 2019）。

　会話の最中には様々な認知処理が行われますが，まずは相手の話を聞いて理
解することと，自分が何をどう話すかを決めて実行することが必要です。これ

ら二つの認知処理は必ず同時に実行しなければいけない訳ではありません。しかし人は聞き取りと発話の認知処理を同時に行うことが実証されてきました。上述のように二重課題は負荷の高い，デメリットを伴う認知処理ですが，なぜ人はわざわざ会話中に二重課題を行っているのでしょうか。

　この疑問は，会話中頻繁に発生する，話し手と聞き手の入れ替わり，いわゆる話者交替（Sacks et al., 1974）に関連します。話者交替の際，発話と発話の間（pause）がある程度以上の長さを越えると，私たちは普通ではない，ネガティブな返答を予期してしまいます（たとえば「お茶に行かない？」と声をかけた時に3秒間返事がないと，相手の人が「断りたい」と思っているのではないかと考えますよね）。多くの言語において，話者間の発話の間は平均してせいぜい 0.2 秒程度と非常に短いです（Stivers et al., 2009）。しかし，実際に人が話す時の準備にはもう少し時間がかかり，1枚の絵を命名する（りんごの絵が表示されたら「りんご」と言う）という単純な発話でも1秒弱程度の時間を要します（Nishimoto et al., 2012）。そのため，次に話す人が相手の発話を聞き終わってから自分の話す内容を処理し始めると，相手にネガティブな返答を予期させる「不自然な」長い 間 が空いてしまいます。

　そこで，会話中，自然な，しかしごく短い間で話し出すために，人は，自分の発話を計画するのに十分な情報が手に入った時点で，相手の発話を聞きながら同時に自分が話す内容を決めるという二重課題を行っていることが実証されてきました（Bögels, 2020 他）。

3 認知的加齢と会話中の二重課題―高齢者の発話は影響を受けている

　二重課題はまさに認知的制御を必要とする状況であり，認知的加齢の影響が大きいと知られています（Kramer & Madden, 2008; Verhaeghen et al., 2003）。したがって人が会話中に聞き取りと発話の二重課題を行うならば，二重課題が苦手な高齢者に何らかの影響が出ると考えられます。そこで「会話の二重課題が発生しやすい条件」とそうでない条件を比較する会話実験を行って，特に高齢者において言い間違いが増加するかを検討しました（澤田・原田，2022）。実験の詳細は省略しますが，3×3の枠に画像が，話し手には3枚，聴き手（実験参加者）には5枚呈示され，話し手が画像を順次命名していく際に，2

枚目終了時点で「最後に命名される絵が何か」聴き手にわかる場合（情報十分条件）と，3枚目が実際に言われるまでわからない場合（情報不十分条件）ができるよう絵の並べ方を工夫しました。参加者は，話し手が最後に命名した絵について，その上下左右に残っている絵とその位置を答えるよう求められました。会話中に人が「できるだけ早く次に自分が話す準備をしよう」とするのであれば，情報十分条件では3枚目を待たず，2枚目が読まれた時点から，聞きとりとの二重課題状況下で自分の発話の準備をするのではないか，逆に情報不十分条件では3枚目が読まれるまで発話準備は始められず，二重課題性は弱くなると考えました。

　この実験では，健康な高齢者と大学生が聴き手側として参加しました。この実験からどんな結果が得られると思いますか。「発話を準備する時間があらかじめとれる」のだから，情報十分条件の方がエラーが少なくなると思えたりもします。しかし，それでは情報十分条件のときに二重課題が生じてしまいますから，特に高齢者の方にとっては認知的処理が大変になってしまうかもしれません。

　実験結果として実験参加者の言い間違いをカウントしてみると，高齢者の言い間違い発生率は，情報十分条件で9.24%，情報不十分条件で3.26%，と情報十分条件で発話エラー発生率が3倍近く高いことが示されました。一方で大学生の言い間違い発生率は，情報十分条件で2.48%，情報不十分条件で1.92%と，条件間に大きな差はありませんでした。つまり人の会話の中で二重課題性が生起しており，その結果，特に高齢者の人は「まちがった発話」の確率が高くなることが示されました。実際，高齢者の方の会話では「思っていたのと違うことを言ってしまった」というエラーはかなりの頻度で発生します。この結果から，高齢者との会話の中で話し相手側が「情報十分条件をつくらない」ことで，発話エラーを防ぐことができるかもしれない，との示唆も得られました。

4　会話中に行われる認知処理（その2）―二重課題を逃れるための「予測」利用

　しかし実際の会話では，この二重課題の問題がもっと違う形で影響を与えている可能性もあります。それが予測の問題です。人は会話の中で，文脈に基づいて相手の発話を予測していると考えられます（Bögels, 2018）が，早い段階

で相手の発話を予測して決めてしまい，その時点で相手の発話を聴くことを止めてしまえば，その後は自分の発話を考えることができ，二重課題を回避できます。

　実際，表 10-1 の事例で，ライン 3 でオペレータがドリンクの注文解約の確認をしようとしますが，その発話の開始時点では「今後はドリンクをご注文されないということですね？」という「尋ねる発話」としても予測可能です。この顧客は，そこでの自分の予想に基づいて，（疑問文としての）オペレータの発話が完了すると思われた時点，「ですね？」に続いてその答えを話し出していると考えられます[2]。そこで，発話中のオペレータと発話がぶつかる（重複する）と同時に，オペレータの発話はその意図（確認）を伝えられないエラーとなりました。

　これは，予測ができた段階で，自分の発話を考えることに集中することで，自分にとって難しい二重課題を実施すること無しに「自然な間での話者交替を達成」する「方略」を取っている可能性を示唆しています。こうした方略は（予測が間違っているリスクを無視していますので）コミュニケーションのエラーを引き起こし，会話がスムーズに運ばなくなるという可能性を高めています。バルテス（Baltes, 1997）は加齢に伴い，主体が適応する方略として選択（S），最適化（O），補償（C）を行うとする SOC 理論を提唱しています。その枠組みを用いると，高齢者は多少のコミュニケーションエラーを生じたとしても，自然なタイミングで話し出すとの目標の「選択」を行い，そのため自らの発話を考えることに集中するという資源の「最適化」と発話の予測という「補償」を行っていると考えられます。

§3 若者は高齢者による会話のエラーにどう対処しているか

　こうした認知的加齢に伴う高齢者の会話変化に対し，その高齢者と会話をしている若年成人はどのように対応しているのでしょうか。まず，会話中のトラブルに対処する「修復」と呼ばれる会話手続き（Schegloff et al., 1977）に注目しました。このトラブルは，発話の重複や言い間違い等の会話エラーによって，

---

2) 日本語会話では，次話者は，相手の発話が完了したことを示す「です」等の発話末要素の出現を受けて話し出すことができるとされています（榎本，2003）。

会話が損なわれたことを指します（串田他，2017）。ドリンク解約事例では，ライン6でオペレータが聞き返しを行うことで，修復が開始されています。しかしこのような修復はトラブルに対して必ず行われる訳ではありません。筆者らの研究室で収集した様々な会話実験データを対象に，重複に対して修復が行われたか否かを分析した結果（澤田，未発表），大学生，高齢者が同世代同士でペアを組んだ場合は，修復生起の割合はそれぞれ15.49%，26.67%と低い値でした。これに対し，大学生と高齢者がペアを組んだ場合には，修復された割合が55.63%と高く，若年の成人が高齢者との会話においてより頻繁に「修復」を行っていることが明らかになりました。

　これは若者にとってどんな影響を与えているでしょうか。高齢者との会話が若年成人にとって負荷となっているのかを知るため，さらに実験をしてみました（澤田・原田，2022）。この実験では大学生が同世代，または高齢者とペアを組んで会話課題を行いますが，その際にタッピング課題（利き手の指で決まった順にボタンを繰り返しタップする課題）を同時に行うよう求めました。会話

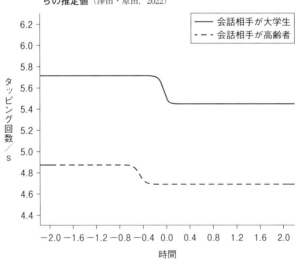

図10-1　若年成人による会話中のタップ速度：参加者による実測値からの推定値（澤田・原田，2022）

x軸では，自分が話し始めた時間を0としている。特に高齢者との会話において話者交替前の負荷が高まるタイミングが早いことから，話者交替の処理も若年成人にとっての負荷源として重要と考えられる。

により集中する必要がある時，つまり会話の負荷が高い場合には一定時間内のタッピング回数が低下することが知られています。実験の結果（図10-1），同世代と会話した若者のタッピング回数は話し出す前後2秒間で平均して5.62回／秒であった一方，高齢者と会話中のタッピング回数は4.74回／秒と大きく低下していました。

　若年成人は，高齢者との会話において丁寧に修復などを行って，きちんと会話を成立させる必要に迫られており，その結果として会話の負荷が高くなっているという現状がみえてきたと考えています。

§4 超高齢社会ならではの高齢者との会話研究の意義

　以上のように，認知的加齢の影響で高齢者の会話は変化しており，会話相手の若年成人はその変化を補う対応を行っていること，その結果若年成人にとって会話の負荷が高くなっていることが示され，その過程を追うことで，人の会話において様々な精緻な認知的処理が生じていることもみえてきました。加えて，会話実験後の質問紙調査やインタビューの結果，若年成人はそうした具体的な負荷の存在に意識の上では気づいていないことが多いことも示されています。

　超高齢社会の中，様々な場面で高齢者との会話が生じてくる機会が増えていますが，特に若年成人におけるこうした「意識されない負荷」は，「なんとなく面倒，疲れる」，だから「できれば高齢者との会話は避けたい」といった反応につながり，あるいは極端な状況の中では高齢者との会話を乱暴に拒否してしまうような事態にもなりうるのではないかと考えています。

　だからこそ，高齢者との会話がなぜ，どのように「負荷が高い」ものになるのか，その負荷を減らせる可能性はないかを検討していくことが必要と考えて研究を進めてきました。しかしこのことは同時に若年成人にとっての「高齢者との会話」がもたらすメリットを知る機会ともなっています。

　実際によりうまく「身の回りにいる高齢者」と会話が行えるようになることで，高齢者にとって社会的活動が円滑になることに加えて，若年成人にとって「高齢者との会話から得られる利益や満足感」もまた増やしていけるのではないでしょうか。そうした高齢社会ならではの豊かな会話をデザインしていくた

めに，さらに研究を続けていきたいと考えています。

■引用文献

Baltes, P. B. (1997). On the incomplete architecture of human ontogeny. Selection, optimization, and compensation as foundation of developmental theory. *The American Psychologist, 52*(4), 366-380.

Barthel, M., & Sauppe, S. (2019). Speech planning at turn transitions in dialog is associated with increased processing load. *Cognitive Science, 43*(7), e12768.

Bögels, S. (2020). Neural correlates of turn-taking in the wild: Response planning starts early in free interviews. *Cognition, 203*, 104347.

Bögels, S., Casillas, M., & Levinson, S. C. (2018). Planning versus comprehension in turn-taking: Fast responders show reduced anticipatory processing of the question. *Neuropsychologia, 109*, 295-310.

榎本美香 (2003)．会話の聞き手はいつ話し始めるか：日本語の話者交替規則は過ぎ去った完結点に遡及して適用される　認知科学, *10*(2), 291-303.

池永将和・原田悦子 (2018)．高齢者 - 若年成人間のコミュニケーション：コールセンター場面における高齢者対応事例　日本認知科学会第 35 回大会

Kramer, A. F., & Madden, D. J. (2008). Attention. In G. Craik & T. Salthouse (Eds.), *The handbook of aging and cognition* (3rd ed., 189-249). New York: Psychology Press.

串田秀也・平本　毅・林　誠 (2017)．会話分析入門　勁草書房

Nishimoto, T., Ueda, T., Miyawaki, K., Une, Y., & Takahashi, M. (2012). The role of imagery-related properties in picture naming: A newly standardized set of 360 pictures for Japanese. *Behavior Research Methods, 44*, 934-945.

Sacks, H., Schegloff, E. A., & Jefferson, G. (1974). A simplest systematics for the organization of turn taking for conversation. *Language, 50*, 696-735.

澤田知恭・原田悦子 (2022)．会話においてターンを取得して話し出すことの認知的負荷　日本認知心理学会第 19 回大会, P2-CØ9, p. 63.

澤田知恭・原田悦子 (2024)．会話中の二重課題と発話エラーの関連の検討：年齢群間比較　日本認知科学会第 41 回大会, P-3-51A, 808-811.

Schegloff, E. A., Jefferson, G., & Sacks, H. (1977). The preference for self-correction in the organization of repair in conversation. *Language, 53*, 361-382

Stivers, T., Enfield, N. J.,... & Levinson, S. C. (2009). Universals and cultural variation in turn-taking in conversation. *Proceedings of the National Academy of Sciences, 106*, 10587-10592.

Verhaeghen, P., Steitz, D. W., Sliwinski, S. M., & Cerella, J. (2003). Aging and Dual-Task Performance: A Meta-Analysis. *Psychology and Aging, 18*, 443-460.

第3部

「社会」から生涯を捉えなおす

第 3 部では，生涯を「社会」（S：social）の面から捉えなおします。

第 11 章「孤立しない人生を送るには？」では，日本でのアンケート調査から，高齢期でのさまざまなリスクの要因となる「孤立」を予防するために，「家族・仕事」以外の友人・隣人などでの多様なつながりを築いていくことの大事さが示唆されるでしょう。また，そのようなつながりを安心して築いていけるためには，「病気や貧困のときに公的支援に頼れる」という公的制度も重要であることも議論されます。

第 12 章「幸せな生涯を送るには？」では，日本でのアンケート調査から，生涯で最も苦難の多い「中年期」を乗り越えるために，「余暇・裁量・頼り合い」が重要であることが示唆されるでしょう。そして，行政や企業などが公的支援や労働環境整備などによって，人々の「余暇・裁量・頼り合い」の環境を改善していくことも重要であることが議論されます。

第 13 章「技能の習得と多元的な発達観」では，エチオピアでの土器職人女性たちへのフィールド調査から，各人の身体の特性を互いに尊重しながら，互いに関係や合意を形成していくと，各自の人格にとって暮らしやすい生活を営むことができることが示唆されるでしょう。統一的な基準で効率化されやすい近代社会では，放っておけば効率化のために各人の身体の特性が無視されやすいですが，身体の特性を考慮するためにどうしたらいいのか，考えさせられるでしょう。

第 14 章「モノとともにあるヒトの生涯」では，サモアの調理場でのフィールド調査から，「自分だけでできる」という個人の能力を増やしていくことではなく，たとえば「各自ができないことを互いに頼り合う」というような集団の可能性こそが，近代社会で見失われがちで大事なものであることが示唆されるでしょう。集団の可能性を高めていくことは，近代社会のもつ「標準化の圧力」を軽減してくれるのではないかと気づかされます。

第 15 章「「高齢期」って何色？」では，老いに対して肯定的なイメージを持つと，健康で長生きしやすくなることや，彩りの乏しい「シルバー」という現在の高齢者イメージが偶然的な経緯によってできたことから，現在の暗い高齢者イメージが，高齢者の健康を悪化させてしまっているかもしれないことが示唆されるでしょう。より肯定的な高齢者イメージをつくっていくことの大事さに気づかされます。

第 16 章「よりよく共に生きるためのレパートリー」では，日本国内の地域民俗行事のフィールド調査から，「メンバーが共生しながら集団を維持していく」ために，民俗行事から学べる部分もあることが示唆されるでしょう。たとえば，「素朴な愉しみを共有することで，集団内の価値観の対立をいったん停止させること」，「メンバーが集団を積極的に支える動機となるような経験や記憶を共有すること」，「共有財管理をしながら，メンバー全員に平等に負担と便益を提供すること」といった具体的な工夫を学ぶことができます。

このように各章は，「社会」（S）に関係するさまざまな観点から，私たちの生涯を捉えなおすことで，生涯のもつさまざまな可能性に気づかせてくれます。ぜひ気になった章から読んでみてください。

第11章
孤立しない人生を送るには？
高齢期の社会参加を調査研究する

筒井淳也

老後に周囲から切り離されて孤立してしまうことは，私たちにとって避けたいことのひとつです。では，どうしたら孤立しない人生を送ることができるのでしょうか。本章では調査データをもとにこのことを考えていきます。

§1 高齢化で孤立の問題が注目されている

1 日本の高齢化率は飛び抜けて高い

まずは，国際比較のデータから日本の高齢化の現状を確認しておきましょう。

図 11-1 は，OECD 加盟国の高齢化率と，参考までに合計特殊出生率を散布図という手法でグラフにしたものです。日本と韓国は，それぞれ高齢化率の高さと出生率の低さで他のどの加盟国からも突出しています。

実はこの両国は，以前はむしろ逆の位置にありました。1970 年の数字をみると，日本の高齢化率は 7.1%で，同時期にはスウェーデンで 13.7%，フランスで 12.9%というふうに，日本より高齢化が進んだ国がほとんどでした。韓国も同様で，1970 年の出生率が 4.53 と，他の主要国（スウェーデンで 1.94，フランスで 2.48）よりずば抜けて高い数値でした（OECD, 2024a, b）。日本と韓国の人口学的な変化が非常に早いものであったことがわかります。

社会の変化が早いと，人々の意識や制度・政策がそれに追いつかないということがしばしば生じます。日本政府は高齢化問題に対して，介護保険制度や地域包括ケアシステムなどの政策を打ち出すことである程度対応しようとしてきましたが，人々の意識や行動のレベルではまだ対応がうまくいっていない部分があります。その結果の一つが社会的孤立です。

図 11-1　OECD 加盟国の高齢化率と合計特殊出生率

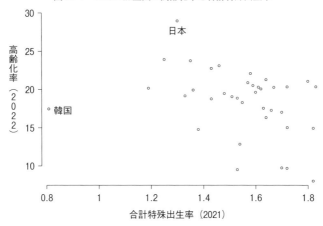

注）OECD data より筆者作成。合計特殊出生率は OECD (2024a)，高齢化率（人口に占める 65 歳以上人口の割合）は OECD (2024b)。イスラエルは出生率が 3 と飛び抜けて高く，グラフのみやすさを優先して除外してある。

2 高齢化と孤立の問題

　孤立とは，「社会とのつながりや助けのない，または少ない状態」のように定義されています。孤立は，心理的孤立感とされる孤独と並んで盛んにその要因と影響が研究されています。たとえば「社会的つながりの乏しさは，心疾患・脳卒中のリスク，中高年では身体・生活機能や認知能力低下のリスクも高める」（小林，2023：116 頁）といった研究結果があります。

　上記の定義で，「社会」に家族を含めるかどうかはケースバイケースです。家族とは交流があるが，家族外の人とはつながりがないケースもあるでしょうし，家族とはつながりがないが家族ではない人と密接につながっている人もいるでしょう。ただ，調査結果から明らかになったことは，ある人が孤立しているかどうかは家族の状態，あるいは家族経験に大きく影響される，ということです。

§2 家族を持てば孤立しないのか

1 無配偶者は孤立しやすい

実際にデータをみてみましょう。まずは援助相手についての分析です。

図 11-2 は,「悩み相談」をする人が「誰もいない」と回答する傾向のある人はどういった人たちか,を示しています。詳しく説明すると,ここで使用するアンケート調査 (第 4 回全国家族調査) では「問題を抱えて,落ち込んだり,混乱したとき」に誰を頼るか,という質問があり,これに対して「配偶者」「自分の親」「自分の兄弟姉妹」「自分の子ども」「姻族・その他親族」「友人や職場の同僚」「近所 (地域) の人」「専門家やサービス機関」といった選択肢があり,これらは同時に複数を選ぶこともできます。ただ最後に「誰もいない」という選択肢があり,この選択肢を選んだ人は他の選択肢は選ばない,ということになります。ここではこの「誰もいない」を選んだ人に注目しています。

みてみると,男性は女性より,未婚や離死別の人は有配偶 (調査時点で結婚している人) の人よりも,悩み相談をする相手が「誰もいない」と回答する傾向が強いことがわかります。ただ,年齢による違いは認められませんでした。

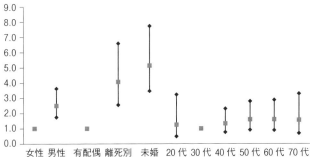

図 11-2 「悩み相談」をする人が「誰もいない」と回答する傾向

注)「第 4 回全国家族調査 (NFRJ-18)」データより筆者推計。性別,配偶状態,年齢階級それぞれ,女性,有配偶,30 代 (基準カテゴリー) と比べたときの差 (オッズ比) を示したもの。上下の点は,当該カテゴリーが統計学的に有意に基準カテゴリーと異なるのかどうかを示す。たとえば女性と比べて男性は,誤差を考慮しても有意に悩み相談相手が「誰もいない」と回答する傾向が大きい。

112 第3部 「社会」から生涯を捉えなおす

　つまり，孤立する傾向が強いかどうかは，性別のほか，家族状態あるいは家族経験に左右されるのです。未婚状態で居続ければ，中年の時期も，高齢期においても，孤立のリスクが高まります。

　グラフには示しませんでしたが，調査によれば「悩み相談」の相手は，有配偶者のほとんどが配偶者だと回答しています。未婚者は「兄弟姉妹」「友人や仕事の同僚」，離死別の女性であれば「子ども」などの回答が若干高まります。

2 近所の人とは交流はあっても頼れない

　以上のように，日本人の「つながり」はどうしても家族だよりになる傾向があります。厚生労働省の孤独・孤立に関する報告書でも次のように指摘されています。「OECDの平成17（2005）年の調査によれば「家族以外の人」との交流がない人の割合が我が国は米国の5倍，英国の3倍高いとされている」（厚生労働省，2021）。

　では，家族以外で私たちがつながりを持ち，頼ることができるのはどういう人々なのでしょうか。さきほどと同じ調査では，家族・親族以外だと「友人や仕事の同僚」「近所（地域）の人」「専門家やサービス機関」といった選択肢が設けられていましたが，悩み相談の相手に関しては未婚者の4～5割が「友人や仕事の同僚」を選んでいます（複数選択です）。他の選択肢はほとんど選ばれていません。

　しかし高齢期になれば，当然仕事のつながりは減少します。結婚している人でも，やがて配偶者と死別するなどすれば，頼りにできる人の選択肢は減るでしょう。

　そこで日本政府は，高齢化対策として「地域」の力を活性化させようとしています。その主力は自治体をはじめとした組織的な支援機関・団体ですが，住民どうしのネットワークもまた頼りにされています。

　ただ，調査データからは深刻な問題が浮かび上がってきます。図11-3をみてください。このグラフでは，「近隣の人々」の交流頻度（4段階の選択肢があります）と，悩み相談において「近所の人」を「頼りにする」か「しないか」の回答の割合を示したものです。全体を100としたときのそれぞれの割合ですから，たとえば「近隣の人々」と「よく交流している」場合でも，悩みがある

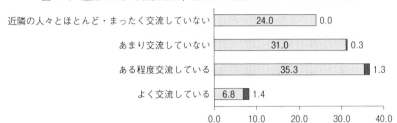

図11-3 近隣の人との交流頻度と，近所の人を頼りにできるかどうかの関係

注）「第4回全国家族調査（NFRJ-18）」データより筆者集計。グラフの数値は，全体で100％になるように計算している。利用した2つの設問では，それぞれ「近隣の人々」と「近所（地域）の人々」という異なった言葉を使っており，ここでは同じものとして考えているが，これらの言葉の解釈が回答者によっては異なる可能性があることに留意が必要である。

ときに「近所の人」を頼りにするのは全体のなかのたった1.4％にすぎません。

たしかに，「近隣の人々」と交流している人たちはそこそこいます。しかしいざ私たちが「頼る」相手を探すとなると，近所の人はあてにできない，と考えられているわけです。

3 長生きを望む人は家族を頼っている

やはり，単なる挨拶や世間話といった交流をすることと，なにか問題があるときに頼れるかどうかは，別の話なのです。いざというときに頼りにするのは結局家族だ，ということになります。

確かに家族は，特に結婚相手や直系親族（親子関係や祖父母孫–関係）であれば特に，比較的手厚い援助が期待できるものです。育児・介護，病気や障害を抱えたときのケアでも，専門機関を除けば家族以外には頼ることが難しいでしょう。

筆者が代表を務める研究班では，2022年に「生涯観に関するインターネット調査」を実施しました。この調査では，どういう人が「100歳まで生きたいか」を知ることができます。これを長寿願望といっておくと，長寿願望を持っている人は，伝統的な家族規範やジェンダー規範を持っている人だ，ということがわかりました。具体的には，親が老いたときは子どもが世話をするのが当然だ，といった価値観を持っている人たちです。

114 第3部 「社会」から生涯を捉えなおす

　未婚化が進み，少子化で子どもの数が減り，その子どもも成人して結婚や仕事を経験すると親元を離れる可能性もあります。こういう現状で，高齢者は家族に頼ることがますます難しくなっていく可能性があります。子どもが多くいる世代とは事情が違うのです（筒井，2023a）。にもかかわらず，人々の行動や意識は依然として「家族頼み」の要素が強いようです。

§3 つながりのある社会へ

　大量の高齢人口を抱える団塊の世代は，2024年までにすでに後期高齢者（75歳以上）になりました。政府は2025年を目処に構築を目指す地域包括ケアシステムの説明において，「自助」「互助」「共助」「公助」といった概念を用いて援助の役割分担を示そうとしています。共通した定義がなされているわけではないのですが，家族や近隣は「互助」に入るという見方もあります（地域包括ケア研究会，2009）。この場合，共助は社会保険，公助は生活保護などの公的扶助を指すようです。

　ただ，すでに述べてきたことから，援助の提供元を分けるとすれば，「家族・親族」「専門機関」「その他（友人や近隣）」としたほうがよいでしょう。このうち専門機関は，身体的援助（介護）あるいは経済的援助という面では機能することもありますが，専門機関に関わりを持つことが「つながり」だと考えることは難しいかもしれません。

　専門機関では提供が難しい援助のニーズはたくさんあります。相談相手，ヘルパーなどを必要としない日常的な援助などがそうでしょう。未婚化や少子化のなかで家族基盤が弱体化するならば，家族以外の人々との「つながり」をいかにして確保し，活性化するかが大きな課題となってきます。

　すでにみてきたように，単なる挨拶レベルの交流は，もう少し深いレベルの「つながり」，たとえば悩みの相談といった援助にはつながっていきません。交流と援助は違うのです。この背景にあるのは，関わり合いのリスクです。孤立や生活困窮などの問題を抱えている人を助けることは，専門機関（非営利団体含む）に所属して援助を仕事として行うのではない場合，自分の生活を脅かしうるリスクになります。他人からすれば「下手に頼りにされると困る」わけで，

それなら最初から関わらないようにしたほうがよい，と判断するのも無理はありません。

　ただ，専門機関が十分な支援をしていれば，人々は「頼られたらどうしよう」という心配を減らすことができるため，安心してつながりを持つかもしれません。この意味で，公助は互助の基盤となるものです（筒井，2023b）。高齢期の孤立，つながりの問題は，公的な課題でもあるという認識を持つ必要があります。

　また，人々の自発的な「つながり」は，「つながり」を持つことが安心してできる条件の他，活発な社会参加を支える認知的・身体的機能といった基礎的な条件にも依存します。人々の認知機能を追究する生理・心理学的な研究をはじめ，「生涯学」は，生涯における「安心できるつながり」を可能にするための多面的な取り組みを包括したプロジェクトです。

　本章では，その一部として社会学的な観点から，特に高齢者の社会参加（つながり）を巡る課題に取り組みましたが，まだ未解明の課題は多く残っています。たとえば家族経験ではなく仕事（就業）経験は，人々のつながりにどう影響するのか，という課題があります。さきほど少し触れましたが，女性は男性に比べて孤立傾向が弱いです。その理由の一つは，女性の方が，仕事以外にも，たとえば子育てなどを通じて地域や学校など，多様なつながりを持つ機会が多かったからです。ただ，現在は女性も男性と同じように働くようになってきた時代です。この変化が孤立傾向にどう影響するのかは，まだきちんと取り組まれていない問いです。

　さらに，本章では「交流と援助は違う」ということを強調しましたが，「交流」には「いざというときの援助」とは違う重要な要素がおそらくあります。それは，日々の生活の楽しさ，幸福を促すということです。学校でも職場でも，そして老後でも，たわいのない会話を楽しめる相手がいることは生活の重要な要素です。「交流」と「援助」の両方が重要だ，ということをこれから研究でも示していければ，と考えます。

116 第3部 「社会」から生涯を捉えなおす

■引用文献

地域包括ケア研究会（2009）．地域包括ケア研究会報告書：今後の検討のための論点整理 Retrieved March 7, 2024, from https://www.mhlw.go.jp/houdou/2009/05/dl/h0522-1.pdf

厚生労働省孤独・孤立対策推進会議（2021）．孤独・孤立対策の重点計画

OECD（2024a）．Fertility rates（indicator）．doi: 10.1787/8272fb01-en（Accessed on 07 March 2024）

OECD（2024b）．Elderly population（indicator）．doi: 10.1787/8d805ea1-en（Accessed on 07 March 2024）

小林江里香（2023）．中高年者の孤立と孤独 世界, *976*, 115-124.

筒井淳也（2023a）．超高齢社会を乗り切るべく「生涯観」の刷新を：「平均的な人生」を後続の世代に押し付けないために 中央公論, *137*(4), 62-69.

筒井淳也（2023b）．家族のアップデートはいかにして可能か 世界, *976*, 88-97.

第12章
幸せな生涯を送るには？
余暇・裁量・頼り合い

柴田　悠

どうしたら幸せな生涯を送ることができるのでしょうか。長い生涯のなかで，苦難はいつ訪れる傾向にあるのでしょうか。そして，その苦難を乗り越えるには，どうしたらいいのでしょうか。本章ではこれを考えます。

§1 人生は「中年期」が最も苦しい

1 幸福感は「中年期」で最も低い

まずは，「年齢」と「幸福感」の関係について確認しましょう。

全国アンケート調査のデータを用いて，「年齢」と幸福感の関係を厳密に分析した研究があります。それによると，「あなたは現在幸せですか」と質問されて回答者が「幸せだ」と答える確率は，若年期（20～30代）と高齢期（60～80代）で高く，中年期（40～50代）で低い「U字型」でした（宍戸・佐々木，2011）。

2 心理的ストレスは「若年期・中年期」で高い

つぎに，心理的ストレスの高さを測定する「K6」（ケイ・シックス）と呼ばれる質問項目のデータをみてみましょう。K6は，うつ病などの精神疾患の可能性をチェックすることを目的として開発され，行政調査や研究などで広く用いられています（厚生労働省，2023）。

具体的には，過去1ヶ月間について，「神経過敏に感じましたか」「絶望的だと感じましたか」「そわそわ，落ち着かなく感じましたか」「気分が沈み込んで，何が起こっても気が晴れないように感じましたか」「何をするのも骨折りだと

118 第3部 「社会」から生涯を捉えなおす

感じましたか」「自分は価値のない人間だと感じましたか」の6つの質問に5
段階（「まったくない＝0点」「少しだけ＝1点」「ときどき＝2点」「たいてい
＝3点」「いつも＝4点」）で回答し，点数化します。

　合計点数（0〜24点）が高いほど，心理的ストレスが高いと考えられます。
実際，日本での調査研究によれば，合計得点が5点以上の場合は「病気につな
がりうる過度な心理的ストレス」を抱えている可能性が高いことがわかってい
ます（Sakurai et al., 2011）。

　厚生労働省が2022年に実施した「国民生活基礎調査」によれば，「過度な心
理的ストレス」相当（5点以上）の人は，20〜50代（若年期・中年期）で多く，
60〜70代（高齢期）で少ない傾向にありました（厚生労働省，2023）。なお，
「過度な心理的ストレス」相当の人は，保護者によって経済的・社会的に保護
されている「10代」では少なく，身体機能が低下しやすい「80歳以上」では多
い傾向にありましたが，それらの特殊な状況にある年齢層については，本章で
はデータも乏しいので触れずにおきます（「80歳以上」の人々の健康状態や社
会生活については，8章や11章などをご参照ください）。

　以上のように，幸福感は「中年期」で最も低く，心理的ストレスは「若年
期・中年期」で高い傾向にあります（若年期では幸福感が高い人も心理的スト
レスが高い人も両方多いようです）。したがって人生の苦難は，主に「中年期」
に訪れる傾向があるといえそうです。

§2 「苦難の中年期」を乗り越えるには？

　では，そのような「苦難の中年期」を乗り越えるには，どうしたらいいので
しょうか。

　従来の研究では，過度な心理的ストレスを予防する要因として，国外の（労
働社会学に端を発した）一連の研究で，「時間のゆとり」「意思決定の裁量（自
由度）」「他者からのサポート」という3要因が発見されています。日本でも，
特定地域のケア労働者などの限られたサンプルで同じ結果が確認されています
が，日本人全体を代表するデータでは検証されていません（Fushimi, 2022 な
ど）。また，上記3要因と心理的ストレスの両方に影響を与える可能性がある

第 12 章　幸せな生涯を送るには？　119

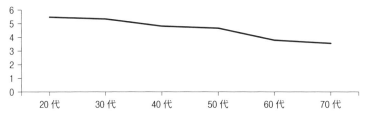

図 12-1　「心理的ストレス尺度」(K6) の平均点

注)「生涯学郵送調査 2023」のデータを用いて分析を行い，年齢層別の「心理的ストレス尺度」（0〜24 点）の平均点の予測値を示した（筆者作成）。因果関係に迫るために，「性別」「成育環境」「学歴」「雇用状況」「生活水準」による影響を除去してある。

「成育環境」（三谷，2023；Shibata, 2022）についても，国内外問わず従来の研究では十分に考慮されてきませんでした。

そこで，「生涯学」プロジェクトのなかで筆者が研究代表者を務めている「ウェルビーイング班」では，上記 3 要因が心理的ストレスに与える影響を分析することを目的の一つとして，2023 年に全国規模の郵送アンケート調査「生涯学郵送調査 2023」を実施しました（回収率 51％）。その調査では，20〜70 代の日本人の縮図ともいえる約 1.5 万人から，幸福感やストレスの要因に関する幅広い質問項目について回答をいただきました（10 代と 80 代以上は調査協力を得ることが難しいため今回は調査対象に含めることができませんでした）。

そしてその回答データを用いて，上記 3 要因が心理的ストレスに与える影響を分析しました。なおその際には，因果関係をより正確に抽出するために，上記 3 要因と心理的ストレスの両方に影響を与えうる「性別」「成育環境[1]」「学歴」「雇用状況」「生活水準[2]」による影響を，統計学的手法によって除去しました。

図 12-1 は，心理的ストレス尺度（K6）の平均点を，年齢層別に示したものです[3]。やはり，若年期（20〜30 代）と中年期（40〜50 代）で心理的ストレス

---

1) 具体的には，「父母学歴」や，18 歳までの「家族構成」「暮らし向き」「家庭内経験」「地域内経験」「学校内経験」などです。
2) 具体的には，「世帯所得／（世帯人数の平方根）」という式で計算した数値です（この数値は「等価所得」と呼ばれます）。
3) なお図 12-1 は，男女別に描いても大きな違いはありません（以降の図でも同様です）。

が高いことがわかります。

1 余暇を大切にする

過度な心理的ストレスの予防法を探るために，まずは予防要因の第1候補「時間のゆとり」に着目してみます。

仕事・家事・育児・介護などは「自分や家族の生活や健康のために必要なこと」ですが，それ以外の自由な時間（親しい人と会ったり趣味を楽しんだり休んだりする時間）を「余暇」といいます。ではあなたは，ご自身の「余暇の過ごし方」にどのくらい満足しているでしょうか。「満足」を5点，「不満」を1点とすると，何点が最も近いですか。この点数を，「余暇満足感」と呼ぶことにしましょう。

「生涯学郵送調査 2023」のデータによれば，余暇満足感は30～50代で低い傾向にあります。やはり仕事や育児などで余暇時間が短くなりがちだからでしょう。そして余暇満足感の点数（1～5点）ごとで，心理的ストレスを比べると，図 12-2 のようになります。余暇満足感が低い人は，心理的ストレスが高い傾向にあることがわかります[4]。

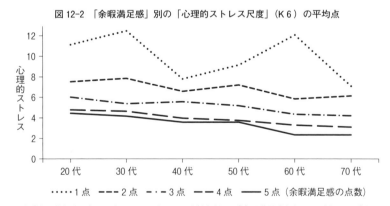

図 12-2 「余暇満足感」別の「心理的ストレス尺度」（K6）の平均点

注）「生涯学郵送調査 2023」のデータを用いて分析を行い，「余暇満足感」（1～5点）別の「心理的ストレス尺度」の平均点の予測値を，年齢層別で示した（筆者作成）。因果関係に迫るために，「性別」「成育環境」「学歴」「雇用状況」「生活水準」による影響を除去してある。

---

4) なお「余暇満足感」ではなく「友人関係満足感」と心理的ストレスの関係をみた場合も，ほぼ同じ結果となります。

第 12 章　幸せな生涯を送るには?　　121

　したがって，過度な心理的ストレスを予防するには，交友や趣味などに自由
に使える余暇時間を大切にすること。具体的には，余暇時間を確保しやすい働
き方や職場を選ぶこと。これが予防につながりそうです。なお，若年期・中年
期での余暇活動は，認知能力の蓄積をもたらし，高齢期の健康につながりやす
いことがわかっています（詳しくは 7 章をご覧ください）。

2 配慮と裁量のある場を選ぶ

　つぎに，予防要因の第 2 候補「意思決定の裁量（自由度）」に着目してみます。
　あなたには，「自分のせいではないのに，うまくいかないことがよくある」
ということがご自身にどのくらい当てはまりますか。「とても当てはまる」を
5 点，「全く当てはまらない」を 1 点とすると，何点が最も近いでしょうか。
　「自分のせいではないのにうまくいかない体験」というのは，自分の自由な
意思決定に起因しない「理不尽な辛い体験」ともいえるので，この点数を「理
不尽体験頻度」と呼ぶことにしましょう。
　「生涯学郵送調査 2023」のデータを使って，理不尽体験頻度（1 〜 5 点）の
平均点を年齢層別に調べると，50 代以降では理不尽体験頻度が下がっていく
ことがわかります。50 代以上になると，立場が高くなって自由な意思決定を
しやすくなり，理不尽な思いをすることが減っていくのかもしれません。
　もし理不尽な体験が少なければ，心にゆとりができて，心理的ストレスも低
くなりそうです。実際に理不尽体験頻度ごとで，心理的ストレスを比べると，
図 12-3 のようになります。理不尽体験頻度が低い人は，心理的ストレスが低
い傾向にあります。理不尽体験頻度が最も低い（1 点の）人々は，若年期でも
心理的ストレスの平均点が 4 点以下に抑えられていますので，過度な心理的ス
トレスを抱える人の割合はかなり小さいと考えられます。
　したがって，過度な心理的ストレスを予防するには，できるだけ理不尽なこ
とを押しつけられない場，個人の裁量を尊重する場を選ぶこと。たとえば，無
理な仕事を押しつけないような，部下への配慮のある職場を選ぶこと。また結
婚相手としては，家庭内での家事分担を互いの意見に配慮しながら対等に話し
合える相手を選ぶこと。これらも予防につながりそうです。

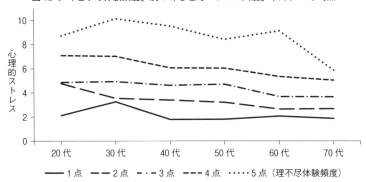

図12-3 「理不尽体験頻度」別の「心理的ストレス尺度」（K6）の平均点

注）「生涯学郵送調査2023」のデータを用いて分析を行い，「理不尽体験頻度」（1～5点）別の「心理的ストレス尺度」の平均点の予測値を，年齢層別に示した（筆者作成）。因果関係に迫るために，「性別」「成育環境」「学歴」「雇用状況」「生活水準」による影響を除去してある。

3 頼り合える人を大切にする

最後に，予防要因の第3候補「他者からのサポート」に着目してみます。

以下の7項目のそれぞれについて，「非常にそう思う」なら7点，「どちらともいえない」なら4点，「全くそう思わない」なら1点という7段階（1～7点）で回答するとしましょう。その7項目は，「必要なときに，私の家族は私の心の支えとなるような手を差し伸べてくれる」「私の家族は本当に私を助けてくれる」「私は喜びと悲しみを分かちあえる人がいる」「私には困ったときにそばにいてくれる人がいる」「私には喜びと悲しみを分かちあえる友人がいる」「私の友人たちは本当に私を助けてくれようとする」「私は自分の問題について友人たちと話すことができる」です。

この7項目の点数の合計点（7～49点）を計算すると，その合計点は「他者からのサポート（傾聴や手助け）」の程度を表すと考えられます。そこでこれを「サポート受領度」と呼ぶことにしましょう。

「生涯学郵送調査2023」のデータによれば，サポート受領度は20～30代で最も高く，50代で最も低い傾向にあります。50代の人々が最も孤立しているわけですが，立場が高く多忙だからかもしれません。

さて，サポート受領度の低い人から順に5つのグループ（下位20％のグルー

第 12 章　幸せな生涯を送るには？　123

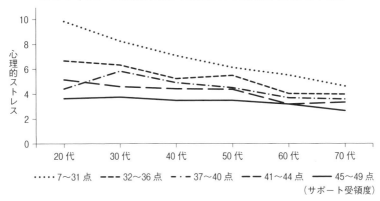

図 12-4　「サポート受領度」別の「心理的ストレス尺度」（K6）の平均点

注）「生涯学郵送調査 2023」のデータを用いて分析を行い，「サポート受領度」の高低（5層）別の「心理的ストレス尺度」の平均点の予測値を，年齢層別に示した（筆者作成）。因果関係に迫るために，「性別」「成育環境」「学歴」「雇用状況」「生活水準」による影響を除去してある。

プから上位 20% のグループまで）に分けて，心理的ストレスを比べると，図 12-4 のようになります。サポート受領度が高い人は，心理的ストレスが低い傾向にあります。サポート受領度が最も高い（上位 20% の）人々は，若年期でも心理的ストレスの平均点が 4 点程度ですので，過度な心理的ストレスを抱える人の割合は小さいでしょう。

したがって，頼り合える人との関係を大切にすること。これもまた，過度な心理的ストレスの予防につながりそうです。

§3　「余暇」「裁量」「頼り合い」

以上，心理的ストレスの予防法を探るために，「余暇」「裁量」「頼り合い」という 3 要因に着目しました。本章の分析は，1 時点での調査のデータを用いた分析にすぎないため，今後は同一対象者への追跡調査によって 3 要因の因果効果をより厳密に分析することなどが課題です。とはいえ，本章の分析からも 3 要因の重要性について一定の示唆は得られるでしょう。

この 3 要因を，本書の「生物・心理・社会モデル」からみれば，「余暇」は，趣味（心理）や交友（社会）だけでなく，身体の休息や睡眠の質（生物）にも

つながるため，ストレス予防の「生物的」条件ともいえそうです。また，「裁量」はストレス予防の「心理的」条件，「頼り合い」はストレス予防の「社会的」条件といえそうです。

この3要因以外にも，心理的ストレスを抑える要因はありますが（「他人の困惑に接して困惑しない度合いの高さ」など），行動や環境によって比較的改善しやすいのはこの3要因でした。したがって，この3要因を，個人が自らの行動によって，無理のない可能な範囲で改善していくことが重要なのではないかと考えられます。

またそもそも，この3要因は，不利な成育環境・労働環境・生活状況に置かれた人々にとっては，自分の努力だけでは改善が難しい部分ももちろんあります。そのため，行政や企業等が公的支援や労働環境整備などによって，人々の「余暇・裁量・頼り合い」を改善していくことも，人々の過度な心理的ストレスを予防していくためには重要でしょう。

■**引用文献**

Fushimi, M.（2022）. Factors associated with depressive symptoms among workers employed in Japanese eldercare institutions: A cross-sectional study based on the Job Demand-Control-Support Model. *Current Psychology*. https://doi.org/10.1007/s12144-022-03971-6

厚生労働省（2023）．2022（令和4）年国民生活基礎調査の概況

三谷はるよ（2023）．ACEサバイバー——子ども期の逆境に苦しむ人々　筑摩書房

Sakurai, K., Nishi, A., Kondo, K., Yanagida, K., & Kawakami, N.（2011）. Screening performance of K6/K10 and other screening instruments for mood and anxiety disorders in Japan. *Psychiatry and Clinical Neurosciences, 65*, 434-441.

Shibata, H.（2023）. How does participation in nationwide standardized and subsidized early childhood education and care at age 0-2 years affect the social life in the adulthood? Available at SSRN: https://ssrn.com/abstract=4217245

宍戸邦章・佐々木尚之（2011）．日本人の幸福感　社会学評論, *62*(3), 336-355.

第13章
技能の習得と多元的な発達観

金子守恵

§1 土器を製作する女性職人の一生

　エチオピア西南部にある筆者の調査地域（図13-1）では，農具や土器，椅子など日常生活に利用するものを製作する専業の職人がいます。この地域には，規格化された外来の工業製品も大量に流通していますが，人びとは，在来の日用品も，それぞれの機能的な特徴をふまえて状況に応じて使いわけています。筆者が1998年から調査を続けてきたアリの人びとは，確認できただけで約50

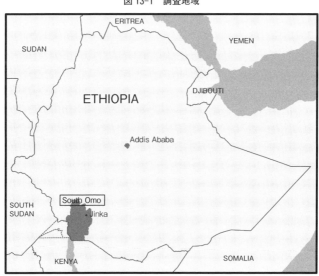

図13-1　調査地域

種類の土器を調理具として使っていました（金子，2011a）。この土器を製作するのは，専業の女性職人です。彼女たちは，製作した土器を村や町の定期市で販売して生計を成り立たせています。

この章では，土器職人として彼女たちがどのような社会文化的な役割を担って技術を習得していくのか，その過程を描きだします。職人たちが，自らの身体（手）にあわせた土器製作の技術をいかにして獲得してきたのか，それを検討することを通じて，彼女たちが周囲の人びとと特色ある社会的な関係をむすび，多様な生き方をつくりだしていることについて考察します。

§2 人類学的な研究では，どのように人間の一生を描いてきたか

これまでの人類学的な研究では，人間の一生を生物学的な年齢によって区分するのではなく，人生の節目で経験する出来事（たとえば成人儀礼や結婚）やそれに関わる社会的な役割に留意して人間の生涯を描きだしてきました。1900年代前半の民族誌における年長者や高齢者についての記録は，年長者をめぐる課題に対して，民族集団によって対応が異なっていることを指摘し（Simmons, 1970），欧米社会において老いゆく人びとが直面する課題を相対的に理解すること（ボーヴォワール，2013）に貢献してきました。

現代においても，社会文化的にいかに大人になるか／老いるか，ということは，特定の民族集団やコミュニティの成員にとっては大きな関心事であり，制度や仕組みによって，生物学的に年齢を重ねることとは全く異なる状況を生みだすこともあります。花渕（2016）が調査を行ったコモロ諸島では，コモロ人男性にとって「子ども」と「大人」をわけているのは，アンダと呼ばれる年齢階梯制度で（花渕，2016），男性は15〜16歳になると最下位の階梯（10代〜20代で構成）に加入して社会的な役割を担い始めます。階梯を上昇して「大人」になるためには，大結婚式と呼ばれる村全体として結婚を祝う行事を実施することが義務付けられていますが，この行事では個々人がそれを実施するだけの経済力や村の人たちと社会的な関係を構築していくことが求められます。行事を実施する者があらわれるとその階梯はいったん解体され，その後，大結婚式を実施した成員が再結成し，コモロ社会に複数ある階梯が一つずつ上昇する時

期に，集団として「子ども」の階梯から「大人」の階梯へと上昇して，社会的に「大人」になります（花渕，2016）。

出稼ぎをして現金を得た若年男性が大結婚式を実施し，再結成した階梯が「大人」の階梯へ上昇するタイミングがあって早いうちに「大人」になることもあれば，大結婚式を実施できなかったり，実施しても階梯の上昇のタイミングがあわずに「子ども」の階梯のままで居続けざるを得ない年配の男性もいます（花渕，2016）。社会的に大人になることは，個々人の能力だけではなく，ある集団の成員のライフサイクルと社会的な役割との関係，それらをふまえて，集団全体がどのようにして次の世代へと更新（再編）していくのかということと結びついています。

それでは，本章が対象とするような職能集団の技能に注目した場合，人びとの生涯と生物学的な年齢や社会の制度規範の関係は，どのように捉えられてきたのでしょうか。この点において，正統的周辺参加（以下，LPP）（Lave & Weinger, 1991）と呼ばれる技能の学習モデルが参考になります。LPP では，知識や技能を，個人の能力として捉えるのではなく，初学者がコミュニティに参加して構成員として実践する過程にあらわれるとみなします。そして，その集団に参与した者にとって，習得を進めることは集団への帰属意識を徐々に強めていくことと結びついていると指摘します（Lave & Weinger, 1991）。

しかし，LPP では，初学者が参加の程度やポジションを変えながら年長者／経験者と一緒に作業してできるようになること（十全的な参加）の意義は強調されますが（Lave & Weinger, 1991），初学者や年長者それぞれの異なる身体が，いかにしてコミュニティに受け入れられる「もの」をつくり出す実践に参与していくのかは十分に描き出されていません。それは，身体を成熟から衰退へと生物学的に捉える視点ではなく，社会文化的に捉える視点（例えば，技能の習得と自己形成との関わりなど）が不十分であったという課題もあります。

§3 人間の生涯を描きだす方法とは？

アリの女性土器職人は，土器に名前を刻んだり印をつけたりせず，自らの手指とわずかな道具（成型台，豆の鞘とヒョウタンの破片）をもちいて成形しま

す。彼女たちは，使い込んだ土器が複数あるなかから，自分が成形した土器を識別できると述べます。その際職人は，身体の一部としての「手（アリ語でアーニ *aani*）」という表現をもちいて，自ら（私）が成形した土器であることを説明しました。

　この点に留意して，筆者は1998年からアリの女性土器職人に入門して，彼女たちの土器製作を参与観察しながら調査してきました。参与観察とは，調査者が対象者の活動に参与しながら観察調査をおこなう方法であり，自分とは異なる「他者」を理解しようとすることをめざす文化人類学的な研究の中核的なアプローチです。参与観察は，調査対象者と生活をともにすることを介して，対象集団に参与していくと同時に，調査者が集団の構成員として受け入れられる過程でもあります。1998年から2013年にわたる長期間の参与観察の後半において筆者は，女性土器職人が自らの半生を説明する場面に立ち会うことが多くなっていきました。その際，彼女たちは，当時の自分自身の経験をその時の土器つくりの状況と関連づけて説明してくれました。

　本章では，個人の経験と土器つくりの技術的な変遷が密接に絡まりあっている様態を，テクノ・ライフヒストリー（金子，2011a）という概念として定義し，女性職人の生涯を描き出すことを試みました。土器職人のテクノ・ライフヒストリーは，アリの女性職人の身体を基盤にして形成されてきた技術的な特性が周囲の人びととの社会的な関係を契機にして，技術的な革新を生みだす過程を描き出す可能性をもっています。

　調査は，1998年から2013年にかけて断続的に実施しました。調査中60人の女性土器職人の成形過程を集中的に観察しました。この論文では，そのなかでも20人の職人を対象にしたデータの中から，年長女性職人5人に注目します。

第 13 章　技能の習得と多元的な発達観　129

§4　女性土器職人の社会文化的な役割とライフステージ

　アリ人の人口は，およそ 18 万人（2005 年時点）です。土器を製作している女性土器職人は，2002 年時点で約 350 人いました。アリ人は，カンツァと呼ばれる農民集団とマナと呼ばれる職能集団のいずれかの社会集団に属しています。1960 年代にプロテスタント信仰が浸透する以前，カンツァの人びとは，集団を越えてマナと婚姻関係をむすぶことや，一緒に食事をとることを忌避していました。1960 年代以降，改宗したカンツァの人たちはマナの人たちと一緒に食事をとるようになりました。

　職能集団以外の人や職能集団の男性が土器の成形に従事することは「よくないこと」と説明され，職能集団の女性だけが行っています。加えて，2013 年時点では，プロテスタントに改宗したカンツァの人たちであっても，マナの人たちと婚姻関係を結ぶことを忌避しようとする傾向が強くありました。このように，土器を製作する仕事は，マナと呼ばれる社会集団の成員しか担うことができず，さらには社会集団間で食事や婚姻関係が規制されてもいます。

　職人に限らず多くのアリの女性は，大きく 4 つのライフステージを経験します。（アリ語で）アンザ（*anza*, 少女／娘），マ（*ma*, 妻），インディ（*indi*, 母），アキン（*akin*, 祖母）です。マ（*ma*, 妻）のステージのなかでも，結婚したばかりの女性に対して，ウータ（*uuta*, 新妻）と呼びわけることもあります。

　娘が 6 歳をすぎると，娘は母と一緒に土器を成形し始めます。この頃から，アンザ（少女／娘）のステージが始まります。娘たちは 6 歳になる前まで，母の作業場所で遊びながら多くの時間をすごします。6 歳になると，母が手渡した成形途中の粘土塊を受け取って，その後母に手直しを受けることなく一つの土器を完成させます。ここで特徴的なのは，母（職人）は，娘の「手」と母である自分の「手」はちがうと説明して，自分の成形の手順を手取り足取り示さないことです（金子，2011b）。職人によれば，娘たちは小さな種類の土器から大きな種類の土器へと習得をすすめます。アリには約 50 種類の土器種がありますが，土器の形態は大きく 4 つに大別できます。人びとは，同じ形態の土器でも部位の大きさの違いに応じて，別の種類の土器として使いわけます。

土器製作の技術は、母から娘へと伝わると説明される一方で、子どもは父親のクラン（同じ先祖で結びついていると考えられている親族集団）を継承します。アリ人は、同じクランの異性と婚姻関係を結ぶことはできず、自分とは異なるクランに属している人を選ばなければなりません。マナの場合、ひとつの村はひとつのクラン（父方の親族集団）で形成されていることが多いです。職人の娘は、20代前半くらいまでに自分とは異なるクランの男性から求婚されると、多くの場合、結婚とともに夫の暮らす村へと移住します。

マ（妻）のステージは、結婚によって始まります。結婚後、娘時代と同様に問題なく土器を成形し販売していく職人もいましたが、うまく成形できなくなる者や、わずかな種類の土器しか成形できなくなったり、市場に持っていっても売れ残って、十分な食糧を買って帰ることができない若い職人もいました。特に、ウータ（新妻）の時期に成形に問題が生じる事例がありました。その際職人は、誰かの成形や焼成の仕方を真似しようとするのではなく、自分の「手（アーニ）」にあわせた成形や焼成の仕方を試行錯誤しながら、自分の成形や焼成方法を確立することに留意していました（金子，2013）。

子どもを出産すると、インディ（母）というステージが始まります。この頃から、子どもの成長にあわせて様々な出費（病院代や教育費など）がかかるようになり、それらを支払うことも周囲から期待されます。この時期、特定の種類の土器だけを成形するようになる職人や、それとは逆に、複数種類の土器を成形する者など、職人ごとに成形する土器種に一定の傾向性があらわれました。また、客の中には、丈夫で耐久性のある土器を成形する職人の「手（アーニ）」を好む者があらわれ、親族のような盟友的な関係を築こうとする者もでてきます。自分の子どもが結婚し、孫が生まれると、女性は、アキン（祖母）と呼ばれるようになります。以下では、4人の年長女性職人の半生を概観し、職人が

土器を成形しながら，自らの生活を確立していく様を提示します。

§5 年長女性職人のテクノ・ライフヒストリー

　職人が集住している2つの村（S村とG村）では，女性職人が世帯主である割合は，全体の1割程度でした。広域調査を行った6村についても同様の傾向が見出されました。女性が世帯主である場合，高齢であることが多いです。職人は離婚した後，多くの場合再婚します。調査時点では，G村に暮らす職人の半分以上が2回以上結婚した経験がありました。再婚してマ（妻）やインディ（母）のステージを繰り返すことは，アキン（祖母）のステージにいる職人でも観察しました。職人Dは，夫と死別後，末子が結婚する年齢になろうとしている頃に，村に住む同世代の男性から求婚されて，ウータ（新妻）／マ（妻）のステージを再び経験していました。

　アキン（祖母）のステージにいる職人は，職人全体の中でその割合は高くはないものの，その暮らし方は様々でした。たとえば，職人Lは，夫と死別後，長男の家のそばに小さな小屋を建ててもらいひとりで暮らしていました。彼女は，コーヒーの葉を沸かす小さな土器を，嫁や孫にたのんで市場で不定期に販売してもらい，その売りあげで，パンや食料を購入して持ち帰ってもらっていました。職人Lと同様の生活を営んでいるものは複数人いました。一方，ひとつの場所にとどまらず移動する生活を続ける職人もいました。職人Mは，夫と離婚後，再婚をせず，数ヶ月おきに弟や男性親族の家を移動して，それぞれの家で土器を成形し販売して収入を得ながら生活を営んでいました。

　アキン（祖母）のステージにいる職人のなかには，土地を購入して自らが建てた家で生活しているものもいました。この職人のように土地と家を保有する女性は，土器職人だけではなく，アリ人の女性の中でも極めて珍しいです。職人Aは，S村の男性と結婚し，その夫との間に3人の女子をもうけました。夫が陸軍の募集兵に志願して村を離れてから，夫の家から娘3人を連れて出ていきました。その後，結婚と離婚を複数回繰り返し，寡婦のまま村を出て，娘3人とともにJ市へ移住しました。そこで娘たちと一緒に，借家で土器をつくりながら生活をはじめました。この頃，当時それほど大量に流通していなかった

コーヒーポットを集中的に製作したといいます。その間，職人Ａは３人の娘が結婚する際には盛大な結婚式を準備して，娘たちを送り出しました。これに加えて，当時普及活動がはじまったプロテスタントに入信しました。彼女の甥が，Ｊ市のプロテスタント教会にて活動していたことも影響していたようです。その後，職人Ａの姉の息子が戦死したという訃報が届き，姉は職人Ａに対してその息子の土地を購入することを提案しました（姉の夫はすでに他界しており，土地を相続する男性親族がいなかった）。職人Ａは，家畜などの動産や頼母子講を活用して資金を調達できる目処が立っていたので土地を購入し，姉や周囲の協力を得て家を建設しました。そして彼女は，彼女の甥がＪ市の教会から，Ｇ市の教会の牧師として異動するのと同時期に，彼女が購入した土地のあるＧ市に移住しました。

§6 土器を製作する技能と多様な生き方

　アリの女性土器職人は，４つに大別できるライフステージのうち，アンザ（娘）のステージについては生物学的な年齢にあわせて技能の習得をすすめて，社会的な役割を担っていきます。その後のステージは，それぞれが経験するライフイベントにあわせて，生物学的な年齢とは関係なくライフステージを移行していきます。結婚と離婚を繰り返さざるを得なかった職人のなかには，同じライフステージを複数回経験するものもいます。実子がいない場合でも，彼女の姉妹の子どもからはインディ（母）と呼ばれ一定の社会的な役割を担います。この点において，アリの女性職人の生涯は，これまでの人類学的な研究が貢献してきたような，社会的な生涯モデルを提示しています。

　他方，女性職人は，文化的に厳格な規制の中で，土器製作を生業として受け入れて生活を営んでいます。これに加えて，親族からは社会経済的な役割を強く期待されています。そのような文化的な制約と親族からの社会経済的な期待のなか，アキン（祖母）ステージの職人は，男性親族と共存しながら，自らが暮らしやすい生活を実現していました。その際，土器つくりは，職人個人の自己を実現するための重要な手段としても機能しています。息子や弟など男性親族とともに生きていく職人，結婚と離婚を重ねたのちに，近郊の町で土器を製

作しながら生活を営み，その間，姉や甥，父系の親族集団の理解を得て，土地を購入して家を建設し，娘や孫と共に暮らしている職人など，その暮らし方は多様です。

　どのような状況であっても，職人たちは，土器をつくり続け，それによって自らの生活を成り立たせていました。周囲の人びとと良好な関係を結んできたからこそ，職人Aは，その時の状況に応じて，土地を購入して家を建てて一人で暮らしていくという生活を確立できたと考えられます。女性職人のあいだでは，土器つくりの習得に関して「手（アーニ）」がちがうという表現をもちいます。職人である母は，この表現をもちいて娘の土器つくりに介入することはありません。この考え方は，たとえ，親と子どもという関係であっても，土器をつくって生活を営んでいるという点で，土器をつくる互いの身体のちがい（一人ひとりの人格や自己形成につながる）を尊重しあっていると考えられます。職人が，土器を成形して得られた収入で，土地を購入したり家を建てることについても，この「手」がちがうという考え方とその原理が共通であると推察します。「生涯学」がめざす多元的な生涯観の創出は，年齢を重ねた人びとが，自らが暮らしやすい生活を営もうとすることだけではなく，そのような営みを，敬意をもって受け入れる周囲との関係や合意があってこそ実現できることを，女性土器職人のテクノ・ライフヒストリーは示しています。

■引用文献

ボーヴォワール，S. de　朝吹三吉（訳）（2013）．老い　上（新装版）　人文書院
花渕馨也（2016）．老いてなお子ども　田川　玄・慶田勝彦・花渕馨也（編）アフリカの老人―老いの制度と力をめぐる民族誌（pp.159-186）　九州大学出版会
金子守恵（2011a）．土器つくりの民族誌　昭和堂
金子守恵（2011b）．土器つくりを知っている　床呂郁哉・河合香吏（編）ものの人類学（pp.133-156）　京都大学学術出版会
金子守恵（2012）．交渉する手指：エチオピア西南部女性土器職人による身体を介した環境との関わり　文化人類学，*77*(1)，60-83.
Lave, J., & Wenger, E. (1991). *Situated learning: Legitimate peripheral participation*. Cambridge: Cambridge University Press.
Simmons, L. W. (1970). *The role of the aged in primitive society*. Shoe String Press.

第**14**章

モノとともにあるヒトの生涯

「できる」「できない」とはどういうこと？

倉田　誠

　私たちは，何かが「できる」ようになると自分が発達・成長したと感じ，何かが「できない」ようになると自分が衰退・老化しているのではないかと不安に感じます。でも，この「できる」「できない」ということは，そのまま個人としての発達や衰退を示すものなのでしょうか。本章では，ヒトやモノとの関係も視野に入れながら，このことを考えてゆきます。

§1 「能力」とは？

1 日常にあふれる「能力」観

　「身体能力」や「運動能力」，「生活能力」や「学習能力」，最近では「コミュ力（コミュニケーション能力）」といった言葉まで，私たちの社会は様々な「能力」を表す言葉であふれています。これらの言葉は，いったい何を示しているのでしょうか。

　私たちの社会は，個々人の様々な「能力」を評価することで，その人がいま何が「できるか」だけでなく，これからどのようなことが「できそうか」，またどのようなことが「できるようになるべきか」まで示す仕組みになっています。また，集団としてそのような評価を集計することで，人間が成長し老いていく「標準的な」過程をモデル化したり，どの人に「特別な」支援が必要かを特定したりするようになっています。

　しかし，「できる」「できない」といったことを個々人が持っている特徴のようなものとして理解していってよいのでしょうか。さらには，このような考え方にもとづいて（あるいは囚われて），私たちの生涯や生き方，私たちが生き

る社会のあり方を決めていってもよいのでしょうか。

2 モノとの関係は省かれる

　実際に何ができるかということは，使う道具や置かれた環境によってかなり異なっています。例えば，料理をつくるときに包丁や鍋といった調理器具がなければ，できることはかなり制限されてしまいます。また，日常的にメガネを使っている人にとっては，メガネがなければ本を読んだり自動車を運転したりすることもできないかもしれません。このように，私たちは様々なモノとの関係のなかで生き，それらのモノがあることを前提として様々なことを行うことができています。誰もが日常的に様々な調理器具やメガネを使える社会であれば困ることは少ないでしょうが，そのような状況に変化が生じたとき，たちまちたくさんの「できない」ことが現れてきます。「能力」という考え方は，このようなヒトとモノとの日常的で密接な関係や社会環境を捨象し，「個体としてのヒト」というものを想定しているといえるでしょう。

§2 標準化されるヒトとモノ

1 標準化は便利？

　では，現代の社会ではヒトとモノはどのような関係にあるのでしょうか。その特徴の1つが「標準化」という考え方です。「標準化」とは，モノを生産する際にいくつかの規格や基準をあらかじめ決めておくことで，そのモノを大量かつ効率的に生産し供給する方法です。これにより，私たちは日常生活において様々なモノをより安価に入手し，より容易に使うことができるようになりました。

　しかし，このようなモノの標準化によって誰もが便利になったといえるのでしょうか。私たちは様々な状態の身体を持ち，個々人の身体の状態も生涯を通して変化してゆきます。病気や加齢などによって，標準化された様々なモノにうまく適応できなくなった場合，私たちの身体や動作を既存のモノに合わせるように努力するか，それぞれのモノを自らの身体に合うようにカスタマイズするしかありません。ところが，大量生産の仕組みのなかで標準化されたモノは，

個々の状況に応じて改造・改良するのが難しいことも多いのです。

2 往還する標準化

モノの標準化は，ヒトの標準化をもたらします。例えば，工場などで標準化されたものを大量に生産する過程では，誰もが同じような動作や作業ができることが求められます。また，標準化されたモノを使おうと思えば，私たちの身体や動作をモノに合わせる必要が出てきます。大量生産された靴を使っているうちに，ヒトの足が変形して「扁平足」や「外反母趾」といった問題が起きるのもその一例といえるでしょう。また，標準的な動作や作業が難しい状態は，「障害」とみなされ，「特別な」配慮や支援が必要と考えられるようになっています。

オーストリアの思想家イリイチは，学校教育がモノの大量生産・大量消費という産業社会に適した人間を生み出す装置として機能してきたことを指摘しています（イリイチ，1977，1989）。イリイチが指摘したように，私たちは，標準化されたモノを大量に生み出し使うだけでなく，そうしたモノをつくり使うなかでヒトとして期待される標準的な「能力」といったものを考えるようになっています。そして，今度は，そのような「能力」を前提として標準化されたモノが大量に生み出されてゆくのです。「できる」「できない」という問題の背後には，このようなヒトとモノとの間を往還する標準化のメカニズムがあるのです。

§3 「できない」ことはなぜ問題になるのか

1 調理場という空間

ここでは，2つの調理場を例として，ヒトとモノとの間を往還する標準化のなかから，いかにして「できない」ことが問題として浮かび上がってくるのかを考えてみましょう。1つは私たちが普段使っているような現代的なシステムキッチン，もう1つは筆者が長年調査している南太平洋にあるサモア社会の調理場です。

2 便利なシステムキッチン

　「調理場」と聞けば，いまや多くの人が飲食店の厨房のようなものを想像するのではないでしょうか。それに対して，家庭では，大抵のことは一人で賄えてしまう便利でコンパクトなシステムキッチンが主流になっています。それは，もはや「場」とは呼べないほど小さく孤立した作業空間です。

　ナチス期の「台所」の変化の歴史を研究した藤原によると，1960 年代以降にシステムキッチンが普及してゆく以前から，台所は「機械的かつ能率的に働いて，家族全体の生命循環を促進させる」労働管理空間とみなされ始めていたといいます（藤原，2012）。現代のシステムキッチンは，さらに機能的に「洗練」され，様々な調理器具や収納スペースが合理的かつ効率的に配置され，最小の労力（多くの場合 1 人）ですべての調理作業をこなせる空間となっています。

　一方で，そこに立つ人には，そのような空間に適応するようなスマートな動きが要求されることも見逃してはなりません。さらに，システムキッチン自体が標準化され大量生産されており，シンクやコンロの高さや棚の配置，つまみやボタンの機能や形状までも，そこに立つ人たちの標準的な身体を想定したものになっています。そこには，まさにモノの標準化がヒトの標準化を促し，ヒトの標準化が新たなモノの標準化を生み出すような循環がみられます。

　このような空間は多くの人たちにとってはとても便利かもしれませんが，その標準から外れた人たちにとっては不便であることは否めません。例えば，上肢に欠損や機能的障害がある人にとっては，シンクが高すぎて足で作業ができなかったり，頭上の収納スペースが全く使えなかったりといったことが起こります。また，誰かと協働するにもキッチンの動線や空間が狭すぎて互いに邪魔になったり，子どもにとっては調理台が高くて奥行きがあるため上手く使えなかったりといった問題も生じます。

　このように，システムキッチンは，1 人ですべての調理作業を効率的にこなすことを目指してつくられた，まさに「1 人工場」と呼べる空間です。そのような空間では，標準化されたモノで構成された空間制約に容易に直面し，自分で「できない」ことが顕在化しやすいといえるでしょう。

3 にぎやかなサモアの調理場

　サモアの調理場は，システムキッチンとかなり様相が異なります。サモアにもコンパクトなキッチンが導入されつつありますが，そのような場合でも，キッチンの近くにいくつかの建物と屋外スペースがつながった調理「場」と呼べる空間が設けられているのが普通です（写真14-1，図14-1）。

　サモアの調理場はとてもにぎやかです。植物の皮を剥いたり家畜の解体をしたりする屋外のスペースを囲むように洗い場やコンロなどがある建物が建てられており，それらの間を大人や子どもが行き交います。コンロや調理台は移設や持ち運びができるようにつくられており（写真14-2），状況や使い手に応じて様々な場所に運んで使われます。

　調理に参加する人もころころと入れ替わります。「屋外での作業は主に男性，屋内での作業は主に女性」といったおおまかな性別分業はみられますが，基本

写真14-1　サモアの調理場の様子（筆者撮影）

中央の屋外スペースを囲むように流しやコンロがある小屋が配置されている。

図 14-1 サモアの調理場の配置

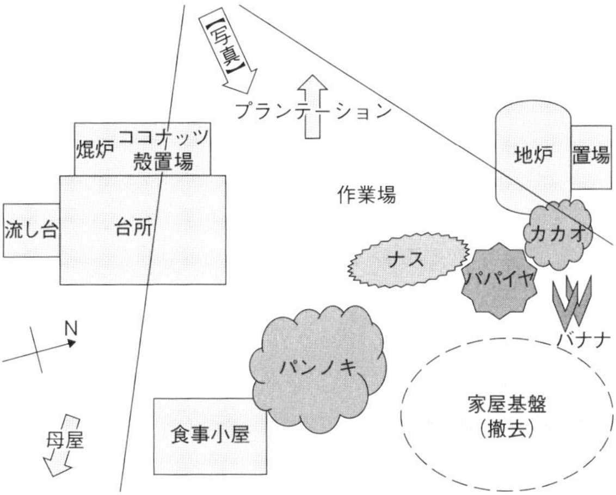

写真 14-1 はこの図の上側から右下に向けて撮影されている。

的には人手が要るところにその作業ができる人が入るようになっています。少ない時は 2，3 人で調理をすることもありますが，ときには一時的に訪問している親族や友人も含めて 5，6 人かそれ以上の人たちが調理に関わることも珍しくありません。調理場とその周囲にいる様々な人たちが，必要に応じて調理に加わったり外れたりするのです。そのため，もし自分で「できない」ことがあっても，やったことのある人がやるのであまり問題になりません。

調理場やその周囲で遊んでいる子どもたちも例外ではありません。遊びの最中でもお構いなく呼ばれて作業の一部に加わります。そのようなとき，年長者が少しだけやってみせて，あとは子どもにやらせるということがよく起こります。もしその子がうまくできなければ，また年長者がやったり，別の子どもが手伝ったりします。こうして，

写真 14-2　持ち運び式の手作りコンロ
(写真中央左，筆者撮影)

ヒトやモノの配置に応じて持ち運ばれ使用する場所を変えることができる。

あえて自分ですべてを「やってしまわない」ことで，「やってもらう／やる」という関係が広がってゆくのです。

サモアの調理場では，状況に応じてヒトやモノの配置を巧みに変えながら，それぞれのできることを組み合わせて調理が進んでゆきます。様々な人たちが出入りしながら，状況に応じて分業や協力関係をつくってゆく様子は，「1人工場」としてのシステムキッチンに対して，よりオープンで即興性豊かな「プレイグラウンド」ともいえそうです。そのような状況では個人として多少「できない」ことがあっても大きな問題にはなりません。見方を変えるなら，「できない」ことや敢えて自分で「やらない」ということこそが，そのような関係性を生み出しているともいえるのです。

§4 新しい見方を考えよう

このように考えると，私たちは，「できない」が生み出され，それが問題となる状況にこそ目を向けるべきではないでしょうか。そのためには，ヒトとの関係性やモノによって構成された環境と切り離された，個人としての「能力」といったものを想像するのは適切ではありません。ヒトやモノとの関係も取り込んだうえで，社会のあり方自体を考えてゆく視点が必要です。

ヒトとモノの間で標準化が往還している現代社会では，各個人が「できなければならないこと」が定められ，そのなかで「できない」ことや「できない」人が標準から外れた特別なものとして浮かびあがるようになっていると指摘しました。日常生活においても，個人として「何ができるか」や「どのようなことができそうか」が大きな関心を集め，「標準的な」ことをどうにか自分自身でできること，つまりは「個人の自立」が目指されるようになっています。そのなかで，個人の「能力」という見方が重要な意味を持ってくるのです。

一方，サモアの調理場の例からは，それとは異なった考え方を見出すことができます。そこでは，抽象化された個人の「能力」といったものではなく，より個別具体的にその人がそれまで「何をやったか」，そして「何をやってもらえるか」ということに関心が向けられます（倉田，2017）。自分では「できない」ことやあえて自分で「やらない」ことこそが，ヒトやモノとの関係を生み

第 14 章　モノとともにあるヒトの生涯　　141

出し，調整してゆくプロセスの中核にあるのです。したがって，調理を行ううえでは，様々なヒトをどう巻き込み，様々なモノで構成された環境をどう調整してゆくかがより重要な問題となります。

　このような違いから何がいえるでしょうか。私たちは，様々な状態で生まれ，様々な発達の経過をたどり，様々な困難に直面し，その一部を抱えながら生涯をおくります。個人として「何ができるか」を問い続け，「できない」ことや「できない」人を特別なものとして周縁に追いやる見方は，自分は自立していると信じている人たちにとっても実は窮屈で苦しいものかもしれません。ヒトやモノの標準化を推し進め，そこに適応する個人としての「能力」を想像するのではなく，ヒトやモノの関係を広く視野に入れて，社会としてヒトやモノとの関係性を生み出し，調整し続ける可能性を問うこと。これこそが，私たちの生涯を見直していくうえでの 1 つの鍵になるでしょう。

■引用文献

藤原辰史 (2012)．ナチスのキッチン　水声社

イリイチ, I. 東　洋・小澤周三（訳）(1977)．脱学校の社会　東京創元社

イリイチ, I. 渡辺京二・渡辺梨佐（訳）(1989)．コンヴィヴィアリティのための道具　日本エディタースクール出版部

倉田　誠 (2017)．「障害」をめぐる共存のかたち—サモア社会における障害支援 NGO ロト・タウマファイによる早期介入プログラムの事例から　風間計博（編）交錯と共生の人類学—オセアニアにおけるマイノリティと主流社会 (pp. 217-237)　ナカニシヤ出版

第15章

「高齢期」って何色？

「高齢者イメージ」を調査する

安元佐織

　「青春」という青年期を表現する言葉があります。「青い」春という文字から，海や空を連想する明るく楽しいのが青年期という印象を持つ人が多いと思います。では，高齢期と聞いて，みなさんはどんな色を思い浮かべますか。「色に意味があるの？」と思うかもしれません。しかし，色が象徴する老いに対するイメージは，私たちが高齢者になった時の心身の健康や寿命に影響することが最近の研究で明らかになっています。本章では，高齢者を連想させる色が私たちに与える影響について考えます。

§1　高齢者イメージ

1 高齢期を象徴する色

　日本には，長寿を祝う文化があります。例えば，60歳の誕生日は「還暦祝い」といわれ「赤い」ちゃんちゃんこを着てお祝いします。それ以降の誕生日祝いにも，象徴する色があります（表15-1）。これらの色は，昔からの伝統として引き継がれたものと，日本百貨店協会がお祝いイベントとして提唱したものなどがあります（六〇屋，2022）。

　長寿を祝う色とは別に，日本には高齢者を連想させる色として，「シルバー」や「紅葉色」などがあります。例えば，「シルバー」はシルバーシート，シルバー割引，シルバー人材など，高齢者に関する用語によく使われる色です。「シルバー」が高齢者を形容する色になった由縁は，実は電車にあります。当時国鉄と呼ばれていたJRが，1973年の「敬老の日」に山手線，京浜東北線，中央線に高齢者や体の不自由な人のための優先席をつくろうとしました。他の席と

の見分けがつきやすいようにシートの色を変えようとしたところ、たまたま新幹線の座席シートの余りとして残っていたシルバーの生地を使ったことでシルバーシートができたのです（ダ・ヴィンチ Web, 2021）。そして、2001年の Pew Research Center の報告書で、アメリカの人口高齢化を意味する「シルバー津波」という言葉が使われるようになり、シルバーは世界でも高齢者を象徴する色になり始めました（Fox, 2001）。

「紅葉色」は、警察庁が1997年に作成した高齢者用のドライバーマークが関係しています。警視庁は、「秋の美しい紅葉色のイメージを図案化し、熟練した高齢運転者を表現した」として、黄色と橙色の水滴のような形をした「もみじマーク」（図15-1）を紹介しました。しかし、「枯葉色」ともいえるマークは高齢者を侮辱しているという強い批判があり、2011年からは黄緑・緑・黄・橙の4色を使った「四つ葉のクローバーマーク」（図15-1）が代替として使われるようになりました（Zurich, 2023）。多くの人にとって高齢者をイメージさせる「シルバー」も「紅葉色」も、ランダムに選ばれた色なのです。

表 15-1　長寿の祝いと色

年齢	祝い名	象徴する色
60歳	還暦	赤
70歳	古希	紫
77歳	喜寿	紫・紺・黄
80歳	傘寿	黄・金茶
88歳	米寿	黄・金茶
90歳	卒寿	紫・白
99歳	白寿	白
100歳	百寿	白・桃
108歳	茶寿	特になし
111歳	皇寿	特になし
120歳	大還暦	特になし

図 15-1 「もみじマーク」と「四つ葉のクローバー」

旧　　新

2 イメージが心身の健康に与える影響

　前節で、たまたま余っていた生地の色や、印象が良くないという理由で指摘を受けて変更になった色が、高齢者をイメージする色になっていることを紹介しました。「たかがイメージでしょ」という考え方もあります。しかし、最近の研究から「されどイメージ」だと思わずにはいられない研究報告が多々されています。この節では、それらの研究を紹介します。

　世界的なレベルで進む人口の高齢化に伴い、様々な分野の研究者が健康で長生きするための秘訣に関する研究を進めています。そのひとつにステレオタイプ・エンボディメント理論という考え方があります。この理論は、老いに対し

144　第3部　「社会」から生涯を捉えなおす

て肯定的なイメージを持つことが，健康で長生きするための秘訣になるという
ものです（Levy, 2009）。その理論を裏付ける証拠となった研究があります。ま
ず，高齢者に対して良いイメージ（例：寛容・経験豊か・自由）を持っている
人は，そうでない人と比べて食べ過ぎ，喫煙，飲酒を控えて，かつ適度な運動
をするなど，健康的な行動を心がける傾向が高いそうです（Levy et al., 2000）。
そのような生活習慣は，高齢期によく発症する心血管疾患や糖尿病などのリス
クを減らすことにつながります（Levy et al., 2000, 2009）。そのため，高齢者
に対して良いイメージを持っている人は，長生きする確率が高くなるという調
査報告があります（Callahan, 1996; Levy & Langer, 1994；中川・安元，2019）。
　しかし，様々なメディアに囲まれて生活している私たちは，認知症，孤独死，
貧困など，年をとることが不安になるような情報に出会う機会が多々あります。
最近では中年期以上の方々の LINE の特徴を「おじさん構文」や「おばさん構
文」と呼び，笑いの対象にしたりしますが，実はこれも年をとることに対して
ネガティブな印象を与える要因になっています。「おじさん構文」や「おばさ
ん構文」は恥ずかしいものという文化の中で生活することで，私たちは「いつ
までも若さを保ちたい」「年はとりたくない」という気持ちを持ってしまうこ
とになるからです。これらは若い年齢の人が考える高齢者イメージについての
お話です。では，実際の高齢者の方々は年をとることをどのように思っている
のでしょうか。やはり年はとりたくないのでしょうか。

§2　高齢者のセルフイメージを理解する調査

　何歳から高齢者なのかは，個人や社会（制度や施設など）によって異なりま
す。高齢者割引が 55 歳から使えるお店もあれば，自身を高齢者と思わない元
気な 90 歳の方もいます。ただ，日本の仕組みの中では，70 歳くらいになると
運転免許証を返納する人が多くなり（警察庁交通局運転免許課，2021），自身
を高齢者として意識する人が増加します。そこで，筆者は「生涯学」プロジェ
クトの中で，27 名の 65 歳以上の方々を対象に年 1 回のインタビュー調査
（2022 年と 2023 年）を実施し，高齢者としての自分のイメージの変化と，その
変化に影響を与える要因について調査をしました。ここでは，調査に参加して

第15章 「高齢期」って何色？ 145

くださった 27 名の傾向を代表する 2 名の事例を紹介します。

Aさん（68 歳・男性）

Aさんは，2 年前に退職しました。配偶者と 2 人暮らしで，様々な趣味活動をしながら充実した毎日を過ごしています。Aさんより高齢のご家族 2 人との交流を通して，自分はどんな高齢者になろうか想像をしているそうです。2022 年のインタビューでAさんは，高齢者としての自分は「新緑の緑」と表現しました。その理由は，定年で社会的な役割から卒業して「これから（高齢者を）やり始めようみたいな，そんなイメージ」だからでした。

2023 年の 2 回目のインタビューでは，「去年よりは若干，色味が暗くなったかな。今年は濃いグレーです」と答えました。変化の理由を聞くと，「多分，（去年は）背伸びをしたんですね。背伸びというか，むしろ自分がその範疇に入りそうだなというところ，若干，それに対するアンチみたいな気持ちもあったかなという気がしますよ」とし，自分が高齢者のグループに入ることへの抵抗があった内心をお話してくれました。しかし 2023 年は，「リタイヤして 3 年経ちました。考え方が，逆に言うとニュートラルになったという風に理解してもらったらいいかもしれないですね。そんなに突っ張らないでも良くなった感じですね」と語ると同時に，次のように追加しています。「逆に落ち着いたのかなという感じがしますよ。全然，悪くない。悪くない」Aさんは，年をとることを謳歌しようとする一方で，高齢になることを象徴する色として「濃いグレー」を選んでいます。

Bさん（71 歳・女性）

Bさんは，20 年前に配偶者と死別し，現在一人暮らしをしています。新型コロナ感染症の流行に伴い，それまで勤めていた仕事を辞めて，シルバー人材に登録したり地域活性化のためのボランティア活動をしたりしています。Bさんは，日常生活を通して高齢者扱いされることで，自分が高齢者であることを意識せざるを得ないという気持ちを共有してくれました。「70 歳でくくられちゃう。特に 70 くくりが強いかな。社会は。……シルバー人材の対象になったり，世の中のいろいろなシステムが高齢者扱いというのも変だけど，そうされる」。そして，自身の老いを「まだ白っぽいグレー」とし「年を重ねるとともに黒くなってくる。黒くっていうのか，よりグレーが濃い，濃いグレー」になると語りました。「グレー」は何を意味するのか尋ねると，「世の

中の活躍部分が薄くなる」ことだと説明してくれました。

　2023 年のインタビューでは，「今年はね，去年よりもっと白っぽいグレーです。なんか年を取るのも悪くないなって思う」とのことだったので，そう思う出来事があったのか尋ねると，「いや，なんにもないけど，やっぱり充実感があるもんでかな，多分，私。……なんていうのかな，高齢者は高齢者の楽しみ方っていうか，自分次第だなとすごく今年思うようになったね」とお話されました。

　Ｂさんは，数ヶ月前に始めた地域活性のための活動をする中で，素敵だなと思う異性のお友達ができたそうです。「いわゆる恋愛とは異なるけど」，そういう想いをしながら過ごす毎日が楽しいとお話してくれました。なぜ「いわゆる恋愛とは異なる」のか尋ねると，「自分の容姿とか，白髪を染める確率が，ものすごく周期が短くなってきているでしょう……自分が誘うなんてとんでもない。自分からお茶を飲みましょうなんて絶対，以前は私が誘う方でしたけど，それが年をとったという，ああ，そうだ，そうだ。それが年をとったという実感かな」。周りから高齢者として扱われることで，Ｂさんは自分が高齢者であることを受け入れなければと感じています。日々の生活に充実感を感じながらも，高齢者として相応しい行動や考え方をしなければと葛藤もしています。

§3 高齢期を肯定的に語ることができる社会にするために

　ＡさんとＢさんの語りには，共通点が 3 つあります。1 つ目は，2022 年から 2023 年にかけて，高齢者としての自身を象徴する色に変化があったことです。Ａさんは，「新緑の緑」から「濃いグレー」に，Ｂさんは「白っぽいグレー」から「より白っぽいグレー」に変化しました。2 つ目は，2 人とも「グレー」を高齢者としての自分を象徴する色に挙げていることです。3 つ目は，年をとると受け入れなければならない事実があると感じると同時に，「年をとるのは悪くない」という気持ちがあることです。

　これらについて少し考えてみたいと思います。本章の冒頭で，高齢期を連想させる色として「シルバー」があることを紹介しました。また，「シルバー」が高齢者を象徴する色になったのは偶然だったことも説明しました。2022 年のインタビューでは，Ａさんは高齢者としての自身を初心者マークのような「新

緑の緑」と表現しました。高齢期のスタートが「新緑の緑」であったなら，熟練した高齢者を「深い緑」と表現することもできました。そして，素敵だなと思う対象の人が現れたＢさんの日常は，ハート色の赤やピンクでたとえることもできました。しかし，２人とも充実して悪くない高齢期の色として「グレー」を選んでいます。「グレー」は「シルバー」から輝きを抜いた色です。実は，インタビュー協力者27名のうち16名が，ＡさんやＢさんと同じように「グレー」を高齢者である自身を象徴する色に選んでいます。「グレー」に続いて多かった色は「茶色」でした。

　偶然多くの人が「グレー」を選んだのかもしれません。しかし，充実した毎日を表現する色として「グレー」を選択する背景には理由があるのかもしれません。つまり，社会の中でたまたまつくり上げられた高齢者イメージが，私たちが考える高齢者イメージを暗いものにしてしまっている可能性があるのです。もし，老いに対して肯定的なイメージを持つことが，健康で長生きするための秘訣になると説明したステレオタイプ・エンボディメント理論（Levy, 2009）が正しいとすると，高齢期を否定的に捉えるイメージは私たちの健康や寿命に悪影響を及ぼす心配があります。そのため，高齢者を象徴する色を再考する必要があるかもしれません。

■引用文献

Bowen, C. E., & Skirbekk, V. (2017). Old age expectations are related to how long people want to live. *Ageing & Society, 37*, 1898-1923.

Callahan, D. (1996). Controlling the costs of health care for the elderly: Fair means and foul. *The New England Journal of Medicine, 335*, 744-746.

Carmel, S. (2011). The will to live as an indicator of well-being and predictor of survival in old age. In L. Poon & J. Cohen-Mansfield (Ed.), *Understanding well-being in the oldest old* (pp. 289-290). New York: Cambridge University Press.

Cicirelli, V. G. (2011). Elders' attitudes toward extending the healthy life span. *Journal of Aging Studies, 25*, 84-93.

ダ・ヴィンチ Web. (2021). 実は日本だけ！高齢者を「シルバー」と呼ぶようになったきっかけは？Retrieved February 18, 2024, from https://ddnavi.com/serial/688715/a/#:~:text

Fox, S., Rainie, L., Larsen, E., Horrigan, J., Lenhart, A., Spooner, T., & Carter, C. (2001).

148　第3部　「社会」から生涯を捉えなおす

Wired seniors: The pew internet and American life project. Washington, DC: Pew Internet and American Life Project.

警察庁交通局運転免許課（2021）．運転免許統計 Retrieved February 18, 2024, from https://www.npa.go.jp/publications/statistics/koutsuu/menkyo/r03/r03_main.pdf 2024 年 2 月 18 日

Levy, B. R. (2009). Stereotype embodiment: A psychological approach to aging. *Current Directions in Psychological Science, 18,* 332-336.

Levy, B. R., & Langer, E. (1994). Aging free from negative stereotypes: Successful memory in China and among the American deaf. *Journal of Personality and Social Psychology, 66,* 989-97.

Levy, B. R., Ashman, O., & Dror, I. (2000). To be or not to be: The effects of aging stereotypes on the will to live. *Omega-Journal of Death and Dying, 40,* 409-420.

Levy, B. R., Zonderman, A. B., Slade, M. D., & Ferrucci, L. (2009). Age stereotypes held earlier in life predict cardiovascular events in later life. *Psychological Science, 20,* 296-298.

中川　威・安元佐織（2019）．加齢に対するポジティブなステレオタイプは高齢者において長寿を予測する　老年社会科学, *41*(3), 270-277.

六〇屋（2020）．何色だっけ？長寿祝いの種類とテーマ一覧表（還暦〜大還暦まで） Retrieved from https://kanrekiiwai.biz/choju-category.html

Zurich（2020）．高齢者マーク（もみじマーク・四つ葉マーク）を貼る年齢は何歳から？義務なの？ Retrieved from https://www.zurich.co.jp/car/useful/guide/cc-elderly mark-howoldage-obligation/

第16章
よりよく共に生きるためのレパートリー

笠井賢紀

B

　考え方が同じ人たちとだけ生きていくことは難しく，私たちはどうしても価値観が異なる人たちと共に生きざるをえません。よりよく共に生きていくために，私たちの社会はどのような方法をたくわえてきたのでしょうか。本章ではこれを考えます。

§1　共生社会のレパートリー

1　共に生きている社会とは

　社会に生きる一人ひとりの個性は尊重されるべきですが，多くの人のそれぞれの個性が社会において同時に現れると，社会がうまく回らなくなることがあります。ところが実際には，私たちは国，地域社会，職場・学校などのあらゆるレベルにおいて，価値観が異なる人たちと生きざるを得ません。ある程度，思想や特色がはっきりしている会社や学校でも，価値観の対立はゼロにはなりません。

　私たちはもちろん，日々の生活において，ほかの人と対立し続けたいわけではありませんし，ましてや対立が先鋭化して大きなトラブルになるのは避けたいと考えています。そこで，コミュニケーション術や対人関係スキルを身につけようと努力もしてきました。ただ，本章で扱うのはそうした個人の技法ではありません。

　これまで社会が続いてくる中で，先人たちはどうにか対立の先鋭化を防ぎ，少しでもよりよく共に生きるための工夫を，（個人ではなく）社会としてたくわえてきたのではないか，という観点で考えてみましょう。

2 レパートリーとは

　社会運動論の分野では「レパートリー」という言葉を使うことがあります。社会の状況を変えたり，社会に問題を伝えたりする場合には，工夫が必要になります。まだ問題に気が付いていない人や関心がない人にも届くように，効果的な表現手法が求められるためです。社会運動のレパートリーとしては，たとえば公開で集会を開くこと，団結して労働を拒否すること（ストライキ），主張を示しながら歩くこと（デモ）などがあります。こうした具体的な方法だけでなく，それを含む全体的な戦略・戦術のことをレパートリーと呼ぶこともあります。

　さて，こうした例からわかるように，社会運動のレパートリーは，ある特定の団体だけがもっているのではなく，世界中に広まっています。マイケル・ビッグスは「反復は採用よりもはるかに可能性が高く，採用は発明よりもはるかに可能性が高い」ことを社会運動のレパートリーの特徴としてあげています（Biggs, 2013：408 頁）。ここで示されている「①反復＞②採用＞③発明」は，つまり，①自分たちが既に用いているレパートリーがあるなら繰り返し使う，②他の運動で用いられているレパートリーがあるなら採り入れる，③自分たちで新たにレパートリーを作り出すという順で可能性が高いという意味です。

　ここで注目したいのは②の採用です。使いやすかったり効果が高かったりするレパートリーは，他の社会運動でも採用されるからこそ，世界中に広まっているわけです。それぞれの社会運動が掲げる目標や伝えたいことは個別に異なるものの，機能別にある程度の汎用的な方法が用いられているわけです。

　なお，レパートリーは，社会運動をする人たちに広がっているだけではありません。そうではない人たちにとっても，たとえばストライキがサボリなのではなく労働者の権利主張の方法であると理解されているからこそ，社会的に許容されます。戦略的行動として広く理解されることもレパートリーの特徴です（Taylor & van Dyke, 2004）。もちろん，伝播する過程で，採用する運動体ごとに方法に改変を加えることはよくあります。また，そもそもどのようなレパートリーを受容するかということ自体が，社会によって大きな偏りをもちます。

　本章の関心は，私たちがよりよく共に生きるために，社会はどのような方法をたくわえてきたかということでした。ここで，そうした方法を「共生社会の

第16章　よりよく共に生きるためのレパートリー　　151

レパートリー」と呼ぶことにします。こういった観点から，いくつか伝統的に続く民俗的な行事について，共生社会のレパートリーかもしれないという観点から分析してみましょう。民俗的な行事は，国内・国外ともに似通ったものが幅広くみられ，比較的近い社会であれば何のための民俗的な行事であるかは互いに理解できます。同時に，その実施方法やどのように混ざり合っているか（習合）の状況には強い地域性もみられます。民俗的な行事は，そうした意味でレパートリー的であるといえそうです。

§2 共によりよく生きるための民俗的な行事

1 小正月の行事・左義長

　お正月に書初めをしたことがある人は少なくないでしょう。その書初めを燃やし，灰が高く上がると字がうまくなると聞いたことがある人もいるかもしれません。書初めを燃やしたいときは，神社や地域の行事で，注連飾りなどを焚き上げる行事に持っていきます。正月飾りを焚き上げる行事は，小正月と呼ばれる，1月15日頃に行われることが多く，地域によって左義長やどんどなど様々な名前で呼ばれています。由来や作法も地域によってかなり異なるのですが，私の調査地である滋賀県栗東市の場合で説明してみましょう。

　日本全国に自治会や町内会と呼ばれる，近隣の人どうしでつくる組織がみられます。栗東市にも120あまりの自治会があり，そのうち30あまりは古くから地域社会が続いてきました。市内の神社だけではなく，古くから続く地域では，自治会が中心となって今でも小正月に左義長を行っています。

　1950年代までは，この地域の小中学生は冬休みになると左義長の準備に取り掛かりました。地域内の各家庭を回り，それぞれの家の人数に応じて，竹や藁を集めたのです。非農家で竹やぶや田を持たない家からは現金を集めました。左義長では，竹を組んだ中に正月飾りを置き，藁を燃料として燃やします。このとき，縄の代わりに用いるのが藤蔓です。竹や藁は各家庭が準備しますが，藤蔓は子どもたちが河川敷から掘り出しました。

　小正月になると，少し年上の青年団という人たちが竹を組んで藤蔓で結び，藁を置いて左義長を準備しました。そして，その年と同じ十二支生まれの男性

（年男）が点火役となります。地域の人たちは左義長が燃え盛るのをみますが，会場では女性たちによってちりめんじゃこや御神酒が振る舞われました。竹が燃え落ちた後は，各家庭で年末年始についた餅を持ち寄って残り火で焼いて食べ，焼けた竹は魔除けのために家に持ち帰りました。

　ストーリーとしては，元日に年の神様を各家庭で迎え入れることで新しい年が始まります。神様のための目印として，各家庭は門松や注連飾りを外に出しておきます。小正月に正月飾りを焚き上げることで，年の神様に天上に帰ってもらいます。ちなみに，年の神様がいる方向のことを恵方といいます。

　神様に関わる行事として，様々な作法を守ろうとする人も少なくはありません。ただし，準備に関わる子どもたちにとっては，神様のストーリーよりも，「泥だらけになって藤蔓を掘るのが楽しかった」，「竹や藁を隣の集落から盗みに行くのにスリルを感じた」，「左義長の前夜にはすき焼きやカレーが振る舞われて特別感があった」，「先輩に憧れを抱いた」，「集まった現金で映画を観に行けた」など，子どもだけで過ごす非日常的な体験こそが大事でした。

　ところが，急激に社会は変化します。農業人口は減り，田畑は宅地になり，進路も個別化します。大学を出てサラリーマンになることが憧れになると，必ずしも地域社会に戻ってきて近隣の人たちと助け合って生きていくという未来像だけではなくなりました。冬休みには学習塾に通わせたい，子どもたちだけで集まって危ないことをしてほしくないといった親たちも出てきます。会社員が増え，定期的な活動が困難になると青年団も解体されます。今では多くの地域で左義長の主体が子どもや青年ではなく，自治会へと変わっていきました。

　さらに，左義長を開催できる場所も減りました。田んぼが激減し宅地が増えたため，延焼やすすが飛び散ることが問題になります。藁は，背の高いモチ米の稲藁が使われていましたが，モチ米を育てる農家も減り，コンバインで収穫するようになると切断されるので燃料として使えなくなります。竹やぶを所有している家もわずかになり，藤蔓が採れた河川敷は護岸工事で失われました。

　加えて，1月15日に固定されていた成人の日が，2000年のいわゆる「ハッピーマンデー法」によって，第2月曜日と変動的になりました。左義長は1月15日やその前夜に行われてきたのですが，1月15日が必ずしも祝日ではなくなったことで，関われる人たちも激減します。今では正月飾りをわざわざ用意

第16章　よりよく共に生きるためのレパートリー　153

しなかったり，毎年連続で使用したりする家も増えており，年の神様のストーリーは失われつつあります。

このように，社会の変化と民俗の変化の連動を観察すると，様々な発見があっておもしろいのですが，左義長はもはや風前の灯火といえるかもしれません。今も「神様の行事なのだから残さねばならない」と強く主張される人たちもいて，そうした思いを否定する理由はありませんが，現実的には，その主張だけではその方たちの目的（民俗の継続）は果たされないかもしれません。

そこで，「共生社会のレパートリー」という観点から，左義長が果たした機能は——神様を天上に帰すこと以外の，より，現世的・社会的な意味において——どのようなものだったのか考えてみましょう。結論をいうと，①子どもたちが地域社会と関わって，その地域社会の価値観を身に着けたり人間関係を構築したりすること，②そうした経験を共通して持った人たちが，大人になってからも地域社会を積極的に支えること，ということが重要な機能として抽出できるでしょう。社会学の概念を用いると，①は地域社会における子どもの「社会化」の機会創出と表現でき，②は地域社会における「集合的記憶」の醸成とその保持と表現できます。

読者の地域に住む高齢者に話を聞いても「うちの左義長には子どもが関わっていなかった」という話が出てくるかもしれません。ただ，地域社会における子どもの社会化はかなり普遍的に求められたものなので，おそらくその地域では，左義長ではない別の民俗的な行事がその機能を果たしていると思います。

2 伊勢神宮参詣のための伊勢講

昔の人たちは，共通の目的を達成するために「講」と呼ばれる組織をよくつくりました。講には，朝まで寝ないで一緒に起きているものや，お金を貸し借りしあうもの，何かの約束を結んで互いに守るものなど，それぞれにいろいろな目的があります。こうした講の中でも，よくみられたのが，特定の社寺にお参りするための講です。特に，伊勢神宮（三重県）は，「一生に一度は行ってみたい」と願う人たちが全国各地にいて，伊勢講が数多く組織されました。特に，農家たちにとっては米や食と関係の深い伊勢神宮外宮の祭神である豊受大御神への信仰も深く関わっていたと思われます。

154　第3部　「社会」から生涯を捉えなおす

　伊勢講の場合は，レパートリーとして意識的に伝播させた人たちがいて，それは伊勢に住む神職らが就いていた御師です。御師は，それぞれに地域社会と師檀関係と呼ばれる関係を結び，伊勢講の組織化を促しました。そして，その伊勢講が伊勢に来る際の宿や，伊勢についた後の神楽の奉納や伊勢神宮のお札の手配など一切の手配を執り行いました。

　さて，先ほどの左義長で紹介した栗東市のうち，目川集落の伊勢講を例としてみてみましょう。市内で古くから続く 30 程度の地域では，そのほぼすべてに伊勢講がありました。集落に一つとは限らず，いくつもあった場合もあるので，市内全体で 100 近い伊勢講があったのかもしれません。目川には五つの伊勢講がありました。栗東から伊勢までは鉄道がない時代には日帰りできませんし，一定の費用が掛かります。そこで，それぞれの伊勢講は，全員でお参りするのではなく，代表者にお参りしてきてもらう「代参」というレパートリーを採用します。

　伊勢講では，講員の年会費や，講として持っている田んぼ（伊勢講田）の収穫の販売収入によって現金を用意します。そして，新年会を開いて，その年に代参する数名をクジ引きや入札によって決定します。代参者は農閑期のうちにお参りし，講員分のお札をいただいて伊勢から帰ってきます。帰ってきた代参者は歓迎会に招かれ，土産話を披露します。

　ちなみに，栗東市では左義長が行われた夜に，伊勢への代参者を決める新年会が開かれる場合も少なくありません。新年会は，宿と呼ばれるその年の当番を務める家が食事を手配します。私の調査では，目川では 1950 年頃までは宿の女性たちが近隣の女性たちの助けを借りながら食事の準備をしていました。参加者は，宿の家の床の間に掲げられた伊勢神宮の掛け軸にお参りをしてから，宴席につき，クジ引きや入札を行いました。ちなみに，一度代参をした人はクジ引きや入札には参加しないルールを設けることで，数年から 10 年ほどで全員が一度は代参経験を得ることができるように工夫されています。

　伊勢講も時代による社会の変化の影響を強く受けます。今でも伊勢神宮に行ってみたいという人は全国にかなり多いと思われますが，では，地域の人とお金を出し合っていく必要があるかといわれるとどうでしょう。ましてや，そのために田んぼを共同で管理してまで行くでしょうか。ちなみに，田んぼについ

ては，戦後の農地改革によって共有田は基本的になくなったので，伊勢講田自体が制度的にみられなくなりました。話を戻して，伊勢神宮に行きたいのであれば，家族や仲の良い人と，好きなときに好きな方法で行ける時代になりました。そのため，今では単に地域の新年会のことを伊勢講と呼び，伊勢参宮に行ったりお札をもらってきたりすることはない地域もよくみられます。

　目川では少なくともコロナ禍前までの調査時点において，五つの伊勢講が代参も含めて伊勢参詣を保っていましたが，方法は時代によって徐々に変わってきました。1950年代になると，宿の負担を減らすために，食事は仕出し弁当を取るようになりました。さらに，1970年頃からは宿の家に集まって拝礼を済ませた後は，料亭で新年会を行うようになりました。1970年頃というのは，この地域での結婚式や葬式が自宅では行われなくなった時期と一致します。住居の建て替えに際し，地域の人が大勢入れるような前提——襖の着け外しにより部屋のサイズを変更可能——ではなく，家族のための間取りへと変わっていったことも大きな要因でしょう。

　さて，伊勢講もまた，続いていること自体が奇跡とも思えるような状況だといえるかもしれませんが，共生社会のレパートリーという観点からは，どう分析できるでしょうか。ここでは，共有田や共有の現金など共有財を管理する名目で，地域社会の全戸を半強制的に加入させたのが重要だと思われます。伊勢講は負担と便益の平等化のための様々な方法をパッケージ化した優れたレパートリーでした。宿も代参も年ごとに輪番で回ってきますが，私の調査では100年以上にわたりこの順番が崩れていないことを確認できました。

　地域社会の共有財管理を基本としつつ，地域社会構成員全員に平等に負担と便益を提供する仕組みであったために，目川の伊勢講は，そのまま現在の自治会につながる形で機能を徐々に自治会に転移していきました。逆にいえば，当地の伊勢講には住民自治的な機能が，自治会結成以前から備わっていたと考えられます。この場合もやはり，「自分の地域の伊勢講にはそのような機能はない」という場合はたくさんあるはずですが，別の何かが住民自治的な機能を果たすためのレパートリーとして採用されていた可能性は残ります。

§3 レパートリーとしての民俗行事を残すべきなのか

　左義長には，年の神様を天上に帰すという正統な物語と同時に，地域社会における子どもの社会化と集合的記憶の醸成といった二つの機能があり，地域社会そのものを共生社会として維持するレパートリーであったことがわかりました。伊勢講は，伊勢神宮に参詣し豊穣を願うという正統な物語と同時に，共有財管理を通じて地域社会に平等な負担と便益をもたらす，高度な住民自治機能を提供していました。これら，実質的かつ社会的な機能を抽出してみると，それらは広く様々な社会で求められるものであり，だからこそ汎用的なレパートリーとして民俗行事が受容されていったと考えられます。これらは，炎を見たり，宴席や旅を共にするといった，素朴な愉しみを共有することで，価値観の対立をいったん停止させるという重要な役割も果たしてきました。

　ところで，本章は過去への懐古や伝統への回帰を目指すものではありません。むしろ，ややドライに民俗行事の機能を抽出し，レパートリーとして活用できるところはしようという多分に戦略的な立場を採っています。ただし，伝統や民俗行事の正統な物語はそれぞれ無意味なものではない上に，相互に連関しています。つまり，一部分の方法だけを抜き出して使えるとは限りません。他方，過去のままに保持することが，現代的でグローバルな価値観からみて不適当である場合も少なくありません。事例紹介で散見された，男女の性別役割も再考すべき点の一つです。見直しを続けながらレパートリーとしてどう生かすかを検討してもいいのではないでしょうか。

　古いものを忌避し，ゼロから共生社会をつくるための方法をつくりだすのは，効率性の面からも問題があります。ムラ社会がいいわけではないですが，ボランティアや近隣住民との関わりのきっかけが半強制的であったり慣習的なものであったりすること自体は，即座に否定すべきことではないかもしれません。そのとき，共生社会のレパートリーを，自覚はなくとも多く蓄積してきた高齢者たちと互いに学び合い，世代間断絶を超え，共によりよい社会をつくっていく一歩にしてはどうでしょうか。

第16章　よりよく共に生きるためのレパートリー　　157

■引用文献

Biggs, M.（2013）. How Repertoires Evolve: The Diffusion of Suicide Protest in the Twentieth Century. *Mobilization: An International Quarterly*, *18*(4), 407-428.

Taylor, V., & van Dyke, N.（2004）. "Get up, stand up": Tactical repertoires of social movements. In D. A. Snow, S. A. Suule, & H. Kriesi（Eds.）, *The Blackwell Companion to Social Movements*（pp. 262-293）. Malden, MA: Blackwell Publishing.

第4部
社会実装に向けて

第4部では，「生涯学」を社会実装していくために，その一つの方法として，人の生涯全体を教育の対象とする「生涯学習」に焦点を当てます。そして，日本での「生涯学習」政策のこれまでの実践をふりかえり，さらにこれからの展開可能性を考えます。これにより，「生涯学」の社会実装の具体的な可能性を考えることができるでしょう。

　かつて日本では，人間が学び続けることの保障を学齢期に限定せず，人生全体で発達していく「生涯学習」に関わる政策が強く推し進められました。首相の諮問機関として設置された「臨時教育審議会」の最終答申（1987年）を受けて，文部科学省の筆頭局として生涯学習局（後に生涯学習政策局）が設置されたのはその象徴的な出来事でした。しかし，2018年に文科省は改組され，そこからこの「生涯学習」という名称が外されています。

　以下の**第17章「生涯学習政策のこれまでとこれから」**は，この「生涯学習」政策30年を検証しようと，その問題に深く関わる政策担当者，有識者に集っていただき，話し合っていただいた記録を編集したものです。

　まず，文部科学省の官僚として，実際にこの生涯学習政策を進める中心的立場にあった寺脇研さんからは，従前の仕組みを「生涯学習」の考え方で，つまり国民の学習機会が拡大される方向で改革してきた，その取り組まれ方が論じられています。

　そうした生涯学習政策の展開をめぐって，同じく文科省の内側からみてこられた前川喜平さんは，「臨教審のパラドクス」と表現しています。つまり，臨時教育審議会は，当時の首相である中曽根康弘氏の強い思いから生まれたにもかかわらず，実際には，中曽根氏の思惑とはかなり異なる内容に至った，という指摘です。そして，そのパラドクスゆえ，この生涯学習政策が，従前の学校教育や，学歴取得を目的としないところで青少年や成人を対象に行われる組織的な教育活動である社会教育を変えるきっかけになるのではないか，と大いに期待していたとの述懐がなされています。

　しかし，そうした生涯学習政策は今日においては，かつての勢いをなくしてしまっています。それはなぜか。何をどう乗り越えなければならないのか。

　そのことをめぐって，成人教育を国際的視座から捉えてきた佐藤一子さん（東京大学名誉教授）から，生涯学習政策以降の法改正や制度改革を受け，成熟しきれていなかった地方自治体の社会教育行政がその力量をさらに弱め，生涯学習政策で期待されたはずの「現代的課題」についての住民の学習を，現実の社会教育行政が組み立てきれない事態が指摘されます。さらに，山本健慈さん（大阪観光大学理事長）からは，地方自治体が，地域住民と共に考え，共に行動するセンスを持てないかたちに変質してきていることが指摘されます。そして議論は，いかにそこをこれから底上げしていくかという厳しい課題をめぐって論じられていきます。

第17章
生涯学習政策のこれまでとこれから

石井山竜平

> お 話：
> 寺脇　研（元・文科省）
> 前川喜平（元・文科省）
> 佐藤一子（東京大学名誉教授）
> 山本健慈（大阪観光大学理事長／元・国立大学協会専務理事）

§1 教育政策担当者にとっての生涯学習政策

目の前の問題を解決する「錦の御旗」としての「生涯学習」

寺脇：生涯学習政策を担当していた頃の私は，「目の前の現場をどうするか」ということだけを考えてきました。国民のみなさんにとって，子どもからお年寄りまで，適切な学びがどうやったら実現できるのだろう。そのことばかりを考えて生きてきたわけです。

　例えば，「図書館を土曜も日曜も開ける」「夜も使えるようにする」ということは，「生涯学習」という，いわば錦の御旗があったからできた話です。NPOが前面に出てこられるようにしたのも，「生涯学習」という錦の御旗があったから。生涯学習，つまり，シンプルに「学習者が主役になって学ぶ」ということをやりやすくするにはどうすればよいのかと，単純に考えると，それで世の中が変わる。今のみなさんなら，「え，図書館って土曜，日曜は空いていなかったの」とか「夜は使えなかったの」って思いますよね。そこを変えてきたのが「生涯学習」です。

この時期，学校教育も様々に変化しています。例えば，家庭科という教科を男女一緒にやるのは今の学生さんは当たり前だと思うかもしれないけど，今から30年前は，中学高校では女子しかやらないものだった。それからドラスティックに変わってきている。

そうした変化を促す，いわば御旗として，当時は「生涯学習」という概念があった，とシンプルに認識していただければいいかな，と思います。

家永裁判で触れた大田堯氏の「学習権」論

寺脇：私が文部省に入ったのは1975年です。そこで最初，「教育権」をめぐる論争に出会いました。当時はそれが大変な議論だったんです。

当時は，家永教科書裁判がなされていました。この裁判は，単純に言えば「教育権を持つのは国か，それとも教師か」というところが争点だったのだけど，私はそれを「どっちもおかしくない？」と思っていたんです。「国に教育権があるのもおかしいけど，なぜ先生に教育権があるの」と。つい先日まで学生だったものですから，「先生に『教育権』なんてあったらたまらんな」と感じながら，しかし仕事だから，それに関わっていました。

その背景には，文部省対日教組という，昨今の右派左派の議論よりはもっと強烈な右派左派の対立があって，たくさんの裁判が起こっていた。だから当時，文部省に入ると，まず判例を全部読んで覚えないとならなかった。「この場合は国が認められている」「この場合は認められていない」と。そして，教科書検定裁判の担当になって，被告席に座ることになりました。しかしその席で，どう考えても「教育権」という発想はおかしいと思っていました。

数年後，東京高等裁判所での裁判に，家永側の証人として大田 堯 先生が現れました。当時は東京大学の教育学部長を退職され，都留文科大学の学長をなさっていた。その大田先生の証言は，「教育権なんて認めない」という。「そうじゃない，『学習』権なんですよ」と。

「大岡裁き」という話をご存知ですか。一人の子に「これは私の子どもだ」という女性が二人いてね。どうやって裁くかというときに，子どもを引っ張って引き寄せられたほうが親と認めることとなった。引っ張っているうちに，本当のお母さんは手を放す，という話。この裁判はまさに，子どもの両手を，国と

第 17 章　生涯学習政策のこれまでとこれから　　163

教師とで引っ張っているような話だった。で，大田先生の説は，要するに「引っ張られている子どもこそがどうしたいのか」という観点がないじゃないかという説で，それが非常に腑に落ちたのです。

「生涯学習」の考え方から目の前の問題を仕分ける

寺脇：それからしばらくして，臨時教育審議会（1984〜1987）（以下，臨教審）で「生涯学習」という考え方が出てきて，それが国の方針として閣議決定されました。だから，それ以降の仕事は，この「生涯学習」の考え方に照らして考えることに徹してきました。「教える立場」上どうか，ということより，「学ぶ立場」上どうなのかを優先する，とあるのだから。

　例えば，当時は，大学の図書館に一般の人が入るのは許されなかった，そのところを開放していく。あるいは，高卒認定試験（当時は大学入学資格検定試験）も，生涯学習の考え方が入る前は，相当の高い成績を取らなければ合格できなかった。現場の話を聞けば，相当の障壁がある。「大検に通るには 100 万円はかかる」という話もあった。それこそ営利事業者に相当のお金を払って訓練してもらわなければ通らない。そこで，実際に卒業認定をしている立場である校長先生に集まってもらい，では実際の高校で，最低どれくらいの学力の人を卒業させたかを言ってもらった。その情報をもとに合格基準点数を一挙に下げた。これも，生涯学習という考え方があったからできたことです。「どうしてそんなところで変なハードルをかけているんだ」というところをどんどん壊していきました。

　フリースクールを社会的に認知していこう，ということもしかりです。これらはすべて民間で運営されている。中には結構な営利を上げているフリースクールもありますが，そうしたものも含めて社会的に認めていく。

　1980 年代の終わりには，平均寿命が延びたけど，定年後どうしてよいかわからない男性が増えて，樋口恵子先生が「ぬれ落ち葉」という言葉を「発明」して大流行語になりました。女性は子育てを終わって社会的活動をしているけど，サラリーマンは退職後にやることがなくて，妻にまとわりつく。当時は大きな社会問題でした。この対応に，各地ではゲートボール場ばかりがつくられていたけれども，その時も私は，「何をやってもいいじゃないか」と考えた。テレビ

ゲームをやっても，料理をやっても。しかし，当時の社会教育施設は，例えば，公民館の料理講座に男性が申し込みに行ったら「えっ」て顔をされる，といった状況だった。さすがに今はそんなことはないだろうけど，当時は，それを変えないといけない，というような問題意識でおりました。

　また，その当時の社会教育は，誰でも参加できるようにと「無償」が前提であって，一銭もお金を取ってはいけないという考え方のところも少なからずあった。だけれども「お金を取れば，それで講座が開けるかもしれないじゃないか」と。生涯学習では，誰もが学ぶ立場にも，教える側にも立てる。だから，例えば，地域の女性の方で編み物が上手な方がおられて，教えてくださいと多くの人に頼まれたとき，「では，うちの家は狭いから公民館を会場に使いましょう」と考えても，「ここでは受講料を1円も取ってはならない」というルールであったら，こうした学び合いが成り立たない。

　つまり，生涯学習の理念のもとに立って，そうした学習を広げようとしたら，既存の仕組みには問題が多々あって，それを「生涯学習」という理屈で仕訳けていったわけです。

文部省職員の立場からの臨教審の受けとめ

前川：1979年から2017年まで，文部省・文科省で仕事をしていました。臨教審の頃は，まだ30代でしたが，この臨教審答申に接したとき，文部省の仕事が劇的に変われるのではないかと，開放感を感じました。実際，かなり変わったのです。そこに希望を抱いた，そうした個人的な体験を持っています。逆にいうと，それまでの文部省は本当にしょうもない組織でね，「もうこんなところに居たくない」という気持ちも随分あった。しかし，この臨教審答申に基づいて仕事ができるのなら居続けてもいいんじゃないか，そういう思いでした。

　この臨教審をつくったのは，中曽根康弘首相（当時）でした。中曽根康弘という人の思想・信念は，きわめて国家主義的で，人間よりも国の方が大事だという考え方を強く持っていた方です。ところが，日本国憲法は「個人の尊厳」が最も大事という考え方から始まっている。中曽根さんからすれば，日本国憲法が間違っている。こういう考え方でした。

　中曽根さんの書いたものを読むと，個人主義を非常に嫌っている。実は，戦

前の文部省は，それとよく似た文書をつくっています。1937 年に文部省がつくった「国体の本義」という文章です。1930 年代には「国体明徴」運動といって，日本には不変の国体というものがあって，それを大事にするのだ，という考え方が極めて強くあった。中曽根さんは，青年期にこの国体思想を体一杯に浴びた人だと思います。それをそのまま戦後に持ち込んだ人だと，私はそう評価しています。そういう考え方で教育改革をされちゃたまらんなと思っていたんです。ところが，臨教審はそうならなかった。それを私は「臨教審のパラドックス」といっています。

臨教審には，三つの教育改革の視点がありました。第一には「個性重視の原則」。それをさらに置き換えた説明が答申自身（第 4 次答申）に書いてあります。まず「個人の尊厳」「個性の尊重」「自由・自律」，最後に「自己責任の原則」とあります。この「自己責任」とくると，新自由主義的な匂いがしますが，でも，最初には「個人の尊厳」が打ち出されている。この「個人の尊厳」は，日本国憲法で一番大事にしている原理です。その原理に立ち返っているともいえるわけです。

二番目の改革原理が「生涯学習体系への移行」です。「生涯学習」とは，学校教育も社会教育も家庭教育も包含する，傘のような概念です。この理念の中に，学校教育も社会教育も家庭教育も位置付けられることになるわけです。そしてそこでは，「教育」ではなく，「学習」という言葉を使っている。教育（教える）という言葉であると，学習者は客体（教えられる存在）になってしまうけど，生涯学習という言葉で，学習者が主体だということがはっきり打ち出された。

三番目は，国際化，情報化などの「変化」への対応です。この変化はグローバルにどんどん進んでいる。いい変化もあれば悪い方の変化もたくさんあって，それに対応できる教育を考えていこうという方向です。

私自身は生涯学習の仕事に携わったことはありません。そうした立場ではありましたが，生涯学習という考え方が出てきたことで，一つには，従来の社会教育が変われるんじゃないかと思ったんです。私が文部省に入って触れてきた社会教育は，戦後の公民館活動のようなところからボトムアップで広がってきたものとは全く違うものでした。1980 年代頃の私からみた文部省の社会教育政策は，むしろ戦前に近いものがあった。当時盛んにやっていたのが，国立の

青年の家を全国につくることでした。そこで，団体宿泊訓練をして，朝はみなが定時に起床し，グラウンドに出て「君が代」を歌う。これが国が振興する社会教育，というイメージでした。かたや，地域の草の根の社会教育はほったらかしにしていた。そういう国の社会教育から脱皮できるのではないかという期待を持った，というのが一つです。

　そして学校教育も，生涯学習の概念の中で，明らかに位置づけが変わっていったと思います。学習が学校教育で完結するのではなくて，学校の中でも外でも学ぶ機会が必要だ，と。生涯学習の傘下に学校教育を位置づけるという新しい捉え方が，当然の考え方になっていった。

　その中で，「新しい学力観」が出てきた。学力とは，学んだ結果の知識の蓄積量ではなくて，「自ら学ぶ力」なのだと。この「自ら学ぶ力」を学校が身に着けさせることによって，学校を出てからも自ら学んでいく。その基礎を培うのが学校教育なのだ，と。学校の在り方を捉えなおす，それが，当時打ち出された「ゆとり教育」と軌を一にしていたんです。

　この「ゆとり教育」も実に多義的な概念です。例えば，当時「ゆとり教育」が大事だといっていた政治家の中の一人が，実は森喜朗さんです。この人の座右の銘は「滅私奉公」。まさに戦前の国体思想を今日にまで引きずっているような人です。こういう人が，中曽根内閣時の文部大臣で，教育基本法改正を打ち出した教育改革国民会議の報告が出たときの総理大臣でした。しかし，この森喜朗さんが実は「ゆとり教育」派なんです。つまり，学ぶことよりも，むしろ，権威に従うことや，体を鍛えることが大事，という思想を持っている。「知・徳・体という順番はおかしい，体・徳・知という順番でいい」というのが森さんの考え方でした。

　対して，生涯学習の中に学校教育を位置づけるときには，その後に「学ぶ力」が大事だ，という考え方だった。その力をつけるには詰込みではいけない，自ら考える力，調べる力，話しあう力といった，今でいうアクティブ・ラーニングが「ゆとり教育」の神髄だったと私は考えている。そうした，「生涯学習」の傘下に学校教育を位置づけるという考え方で，私自身も学校教育に携わる仕事をやってきました。

§2 社会教育研究の立場からみた生涯学習政策

国際的な生涯教育論と日本とのギャップ

佐藤：ここまで，1980年代の臨教審答申の時期が生涯学習政策を象徴する時期として話題になっていますが，この日本の「生涯学習」政策を捉えていくうえでは，その前段と，その後の動向の，大きく三つの時期で捉えていく必要があるのではと思います。

「生涯学習」は，日本由来のものなどではなく，国際的な概念です。そして何ら新しいものではありません。人間が生涯にわたって自分，知を磨き，人間関係を豊かにし，よりよい生を求めて生き続ける，そのために学び続ける，生涯にわたって学び続ける，という人間観は，西洋東洋問わずにある。それが「生涯学習」という教育論の形を成してきた。そう考えれば，古今東西において生涯学習論は存在していたことは明白です。

一方で，日本の生涯学習政策につながる議論が，国際的にはいつ始まったか，といえば，1960年半ばのユネスコの国際成人教育会議です。ここでポール・ラングランが「これからは生涯教育の時代だ」と言った。これが非常に新しいものとして全世界で受け止められた要因が，一つは，これからの文明社会はこのままでは到底生きていけない，文明なり，技術なり，社会の開発なりが急展開する。日本の高度成長期はまさにそうでした。今まであった日本の地域の伝統産業や生活様式が，根本的に変わって，新しい生産様式，社会の仕組みに変えられていく。そのとき，当時の学校は高卒が主流です。18歳までの教育では話にならない。まずはそこから継続教育へ，ということでした。つまり，その背景にあったのが急激な技術の開発，社会の発展であったということが，生涯教育を主張する説得力になったのでは，と思います。

もう一つ，その後，心理学系の研究で深められていきますけれども，人間は，幼児期，青年期，成人期，高齢期と，発達段階を踏まえて，それぞれの段階で身につけているものが変わってくるから，その発達段階に応じた学ぶ必要性が現れる，という「生涯発達と教育」という捉え方がされた。日本ではいま高齢化が進んでいますので，高齢期の学習が強調されがちですけれども，実は課題

が深いのは成人期ですね。働き盛りの人たちの学ぶ必要性です。実際，企業関係，技術系の世界では，たくさんの知識を吸収し続けなければ働き続けることができない，そういう社会になっている。ですので，生涯学習が単に高齢化のみと結び付けられて必要性が論じられるのは間違いだと思うのですが，いずれにしてもこの，「社会の転換」と「人間の発達過程」という，この二つのアプローチが，ラングランの論では非常に明確でした。

　そして，そのことを前提に，学習機会を一人一人が生涯にわたって選べるようにし，それをインテグレート（統合）する，という考え方が提起されました。学校までは，目の前にあった順番に選んでいけばいいのだけど，その後は，自分がどういう機会でどういうふうに学んでいくのか，これを一人ひとりが自らの生涯学習を自分自身で立案し，統合していく必要性がある，このインテグレートという概念が強調されたところも象徴的だったと思います。

　ただし，この国際社会と，日本との間でギャップとなったところがいくつかあり，それをここでは指摘しておきます。ラングランの次にユネスコの成人教育の担当となったエットーレ・ジェルピの『生涯教育―抑圧と解放の弁証法』（原著 1977 年。訳書 1983 年）が，日本でも非常に普及しました。ここで論じられているのは，「抑圧」という開発途上国の厳しい現実です。先進国との南北格差，抑圧された方々が「人権」として学ぶことを必要としている，ということを世界に訴えて，特に，ユネスコや開発途上国問題に尽力している諸団体が，こうしたジェルピの考え方を基礎に据えるようになりました。

　海外には，20 歳を過ぎて「私は小学校しか出ていない」「いま夜間中学で勉強している」という人がたくさんいます。日本では，こうした中途退学をめぐる対応が「若者」に限定されて捉えられがちですけれども，海外では，50 代，60 代でも中途退学者として基礎教育を学ぶ。ですから，基礎教育と生涯にわたる学習とをトータルに考えていく，そのことで差別をなくしていく，という考え方が，この時代への非常に大きな問題提起になっていました。

　しかしそのことは，当時の日本の生涯学習の理論や政策には反映されませんでした。日本は世界でも稀な高学歴な国で，学校から脱落する人はさほど目立たなかった。不登校の問題が深刻化する手前の状態だったところもあるかもしれませんけれども。途上国の，若くして学校を放棄せざるを得ないという現実

と，だからこそ生涯における学習を結び付けるという文脈は，残念ながら，日本と他国とのギャップとして残った，これが一番目のポイントです。

日本型「学習権」思想の特徴

佐藤：二番目に，生涯にわたる学習を権利，人権として保障するという考え方，すなわち「学習権」という概念の用いられ方にも日本独特の展開がみられています。

　日本では，ユネスコが上記の考え方に基づいて「学習権宣言」（1985年）を出すよりも前に，1960年代から1970年代に「学習権」という主張がなされています。日本の憲法，教育基本法には，ご存じのように「教育を受ける権利」が明記され，その具体は「義務教育の保障」です。そのことを日本教育法学会などは，教科書裁判をめぐる問題をもとに，「学習権」思想として発展させてきました。この，教育の自由と子どもたちが学ぶ権利を守る論理が構築されていく過程と，日本の場合は，住民運動が活発化する時代状況とが重なりました。特に公害問題等，地域の開発問題に反対する住民が，集会のために部屋を借りようとすると，部屋を貸さないという問題があちこちで起き，それは学習の権利の侵害であると住民が主張した。これは世界の文脈とは異なる，日本独自の展開です。

　当時の日本は，残念なことに公害先進国でした。それで命を奪われる水俣病などの被害者の人々が立ち上がった。その時に「学ぶ権利」という主張をした。ここに，日本教育法学会の「子どもが学ぶ権利がある」ということと，「住民が学ぶ権利がある」というところが統合されていくプロセスがあり，それが1970年代前半の日本の学習権論なのです。

　だから，国際的には，すべての人が基礎教育，識字教育を受ける権利がある，ということが，学習権宣言の延長上に宣言された（「万人のための教育」1990年）のですけれども，日本の場合は，基礎教育の延長線上というより，「地域で学ぶ」，人間が様々な形で，地域で豊かな人間関係を築きながら自己形成をしていく，その文脈で，ユネスコ学習権宣言よりも10年くらい早く「学習権」という言葉が使われていたのです。こうした教育への権利の追求のされ方が，日本の生涯学習論を特徴づけています。

170　第4部　社会実装に向けて

「生涯学習体系への移行」に伴う公共性の曖昧化

佐藤：三番目に，政策をめぐる議論でして，学界ではかなり批判的な議論が現れます。生涯学習体系を構築する際，それを民間に委ねて「私事」化する，という風潮につながっていき，公共性という，国家が責任を持って国民のために条件整備をするという基本的考え方は一体どうなるのだ，という論点が，臨教審が出て以降に現れます。

　1987年の臨教審最終答申では「教育サービス供給体系」という言葉が出されました。つまり，教育とは「サービス」であって，それを有償で供給する事業者が民間にもいて，そういう民間事業者を大事にしながら，生涯学習の体系をつくる。当時，カルチャーセンターという民間の生涯学習事業に人気がありました。そういうものが，公民館などでやっているよりもよほど高度な生涯学習なのではないか，という風潮が生まれた。つまり，個人が学びたいときに学ぶとき，そういう学習を提供できる民間の事業者も大事だ，と。確かに，語学や資格のための基礎勉強をしようとするとき，公民館ではこういうことは勉強できない。だからこそ，多様な生涯学習機会を，というときに「教育サービス供給体系」という言葉が使われた。このことによって教育の公共性が曖昧にされていくのではとの批判が現れました。特に，国立教育政策研究所におられた市川昭午さんなどは強い危機感を表明されていました。

　本来，生涯学習を打ち出した臨教審は，学校中心主義では良くないとして，生涯にわたる教育を展望する枠組みであったはずです。そして，青少年の学校外教育や，大人になって働きながらの高等教育，かつて学んだこととは異なることを学びなおすリカレント教育，それから，学校に行けなかった人たち，外国人の識字教育などが，新たに公的に整備されるべき，そういう様々な生涯にわたる学習の公的保障が必要になってきたにもかかわらず，当時の風潮としては，民間に道を拓くという政策枠組みが形成された。そのことによって，社会教育はその公教育性をあいまいにされ，縮小されていくのではと，批判が起きていました。

　戦後日本を平和で民主的な国家として立てなおすには社会教育が必要だとして構築された社会教育法制度の60〜70年代の蓄積，これをどう踏まえて，次の新しい段階に見合った新たな社会教育をどのようにつくっていくのか。こう

した視座からの提言にはつなげられず，個人消費的な教育観が持ち込まれた。その先に，2000 年代に入って以降は，生涯学習という概念そのものが弱体化してしまい，いま果たして「生涯学習」が力のある概念としてこの社会に残っているのかが懸念されるという状況にあります。

生涯学習における主権者学習の欠落

前川：佐藤先生のお話にもあったけれども，生涯学習政策では，個人消費的なものがかなり強調されたとは思います。余暇活動や趣味の学習が強調されたという面があった。一方で，経済からの要望もあった。職業能力開発は厚生労働省の政策分野ですけど，それに近接する考え方，新しい産業構造にアダプトしていくために能力をつけていく。

これら，文化活動，余暇活動的な部分と，職業能力開発的な部分と，もう一つ大事なのが，民主主義社会を担う市民としての学習です。先ほどの佐藤先生の，公害運動の中から市民の学習権という考え方が広がったというお話は，なるほどと思って伺っていました。

教育基本法第一条には，教育の目的が 2 つ記されてあります。2006 年に大幅に教育基本法は変えられましたけれども，この部分は 1947 年のオリジナルな部分から基本的なところは変わっていません。第一には「人格の完成」，第二には「平和で民主的な国家及び社会の形成者の育成」です。つまり，国や社会は，あらかじめ設定されているものではなくて，我々がつくるものである，そのつくり手を育てるのが教育なのだ，と。これは，学校教育にも，社会教育にもいえることです。その社会教育の中で，国家，社会の形成者としての市民がどう学び育つか，というところが大事だと思うんです。

そういう面で，私が若い頃にこれはいいなと思っていたのは，1992 年の生涯学習審議会の答申です。ボランティア活動やリカレント教育と合わせて「現代的課題に関する学習機会の充実」の重要性が打ち出されていた。しかし，この部分が決定的にその後の政策からは欠落してきたと私は思っています。今からでもそこをみつめなおす必要がある。そのことが，昨今の選挙の低投票率にもつながっているんじゃないのか，主権者意識を持てない主権者をつくってしまったのではないか。

172　第4部　社会実装に向けて

上への委縮を越える職場の自由と市民の見守り

佐藤：寺脇さんのおっしゃられた「営利」をめぐって，例えば，私の地元の公民館でかつて騒ぎになったのは，生活協同組合の班学習を公民館でやろうとした際，「生協は営利なので使ってはならない」という判断が出たんですね。このときは住民がみんな怒った。「生活協同という考えを学ぶために使っているのに，だめなのはなぜか」となって，結局，住民が行政と交渉し，公民館の利用団体として認められた。

　こういった点で最も問題になるのは政治ですよね。これが争点となった典型が，さいたま市で起きた「九条俳句」事件です。市民がつくった俳句が，政治的だから認められないと公民館が判断した。市民はおかしいと主張し，最高裁までいったのだけど，司法はそこに至るすべての判決で，公民館側が市民の学習の自由に介入したとして，市民の側の勝訴判決が確定されています。

　このように，政治，営利の「禁止」が「拡張」解釈されがちな現場の実態があります。ですから，学習の自由，営利，宗教，政治というのは，どういう原則で，どう現場で適用するのか，そうした法律の適用について，職員がきちっと自覚的に判断できるような，そういう職場の自由と職員の見識がないと，一銭も取っちゃいけないとか，政治的なことが一言でも出てきたらダメとか，現場の法律の解釈が委縮したり，間違った解釈が通用してしまったりしてしまう。

　なので，前川さんがおっしゃられたように，自分たちの学習が自由であり権利であると主張できる市民が，現場の社会教育をしっかり見守っていかないと，自由な社会教育の現場を守り，創造していくことができない，という課題が残されていると思います。

§3　議論　地域における学習と連帯をこれからつくる

諸法改正後の自治体の社会教育行政の弱まりをいかに超えるか

佐藤：生涯学習体系への移行の中で，臨教審後，1990年代から2000年代にかけて，新たな法律の制定，法律の改正が行われています。生涯学習振興法（1990年），社会教育法の改正（1999年，2000年），教育基本法の全面改訂（2006年）です。寺脇さんたちが拓いてこられた生涯学習の可能性が，こうし

た法改正後，実態的な法解釈のレベルでは，非常に縮小していったのではない
か。その問題をどう今の時点で乗り越えていくのか，という大きな課題がある，
と思われます。

　教育基本法の全面的改正をめぐっては当時，教育関連 15 学会，ほぼすべて
の学会が反対声明を出しました。その一番大きな論点は，国家主義的な目標が，
教育基本法の条文の中に細かく持ち込まれたことです。教育基本法第 2 条は全
面改訂され，細かく国家目標を定め，その中に「国を愛する心」が持ち込まれ
た。3 条に「生涯学習」の理念が入り，「だから生涯学習の可能性も広がった」
という見方もあるようですけれども，私たちは，国家的な目標をこれだけ細か
く定めることと，生涯学習を個人の要請に基づいて行う，という矛盾が，教育
基本法内に赤裸々に現れてしまった，という，逆の見方をしています。

　そして社会教育は本来，単純に個人の自発性のみで捉えていたわけではあり
ません。様々な形で社会に必要な学びを行っていくというところまでふくめた
従来の社会教育の理念と，生涯学習を持ち込んだ新たな条文との関係は説明さ
れていません。従来の社会教育が目指していたものとの関係が明記されないま
ま，生涯学習の理念がぽっと上に座った。この矛盾構造にも大きな問題があり
ます。

　もう一つ，これも実定法上の問題です。地方分権改革の延長で，社会教育施
設を，特例ではあるけれども，教育委員会から首長部局に移してもよいという
答申が出され，教育施設である図書館，公民館等をコミュニティ施設化してい
く。地方財政の問題もあって，そういう動きが加速化しています。公民館はか
つて 19,000 館広がったところから現在は 14,000 館，つまり約 5,000 館，公民
館の 2 ～ 3 割がもはや公民館という性格を失っている。こういう，社会教育の
実態がじわじわ縮小していく中で，生涯学習を底上げしていく力を失っていく
といった問題が，2000 年代以降，現実化しています。

　たとえば，政府は日本でも ESD を進めようとしていますが，本来すべての
公民館でやってほしいような地球的，現代的課題をめぐる学習機会づくりには，
皮肉なことに，ほとんどの公民館が取り組めていません。岡山市あたりにしか
目立った実践がみられません。いまはさらに SDGs というかたちでさらに幅広
く，人権，平和学習へと視野を広げなければならないときに，だれがどこで

「これこそ生涯学習ではないか」と思えるような学習をつくるのか。おそらくNPO・市民社会に期待せざるを得ない。それくらい，今の日本の地域社会や社会教育は力が弱まっています。戦後培われてきた，多世代で多文化で全住民が一緒になって学ぶことができるような，そういう学習の共創を，だれがどこでやれるのか。今日の状況から新たな方向へ探求していく課題は，非常に大きいものがあると思います。

寺脇：先ほどからの「社会教育の縮小」という評価は一面的なのではないか。もし，生涯学習をいうようになって国民が何に喜んだかという調査を行ったなら，おそらく現れる声の大部分は，社会教育の質の向上ですよ。「図書館はどうなりましたか」と聞いたら，みんな劇的に良くなっていると答えるはずです。これはまさに社会教育の質の向上です。

　一方で，公民館は，そもそもは，戦後初期に民主主義を教えるためにつくられたところだから，時代とともに，役割が減っていくのは致し方ないことではないのか。公民館の数は減ったけど，図書館の数は増えている。減ったところだけをチェックしていったら，それはどんどん衰退しているということだけど，社会教育は，住民の役に立っている度合いは高まっていると私は思っています。

前川：ただ，思うんですけどね，生涯学習って，学習者の主体性に軸を置くのだけど，それが，個々の一人一人の学習ニーズに焦点が当たりすぎたのではないか。学びたいときに，学びたいことを学べる。いつでもどこでも学びたいことを学べる。そうした，個人を主体として考えているところは大事ではあるけれども，これを，「地域住民」とか「市民」という塊で捉えるということが，「生涯学習」という概念は，やや苦手なところがあるんじゃないでしょうか。そのため，そうした市民性が育まれるための公民館の役割が見落とされがちだった。私はそういうふうに思いますけれどもね。

　私が文部省に入ったときは，国家主義的な保守政治にずっと浸かり続けていて，そこから社会教育法制定時の精神は，すでに失われていたと思います。だから，もしかすると，その当時の生涯学習政策局が，公民館は戦後初期にこそ必要であったもので，もう必要ない，という発想であったのかもしれないですね。

　私はそうは思いません。もっと公民館が再生して，住民自治のための，民主

主義の基礎を学ぶ場として新しい命を持つべきだと思います。生涯学習は，学習者自らが学ぶという主体性が大切だというそこは良かったのだが，私は，個々の人間が何を学びたいかに焦点が当たりすぎていて，市民として共通の課題に取り組むという意識はかなり希薄になっていたのでは，と思います。

　生涯学習の概念は，そもそも個人の学びだけに焦点をあてたものではなく，もっと広いもののはずなのに，新自由主義の影響かもしれないけれども，一人一人のニーズに細分化されてしまっているという問題があったのではないか。市民社会をみんなで形成していくための学びという考え方は，当時の文部省社会教育局にもなかったし，その後の生涯学習政策にもなかったんじゃないかという気がします。

　もう一つ，学習権をめぐって，です。寺脇さんは学習者の「自由」を強調されましたが，人権としての学習権には，その①自由権，そして②社会権，③参政権，の三つの側面があるのではと思っています。「万人のための教育」にあるような理念は，②社会権，つまり生存権としての学習権ということに焦点をあてています。世界全体としてみれば，生存権としての学習権が満たされていない地域はたくさんあり，日本にも問題がないわけではない。ニューカマーの外国人などはその典型です。そこに生存権としての学習権を保障することは，学校教育と社会教育が折り合いながらやらなければならない。

　その両方に関わっているのが夜間中学です。公立のものは，学校教育のカテゴリーに入っているけれど，実態は中学の学習指導要領とは全く違うことをやっています。自主夜間中学，私は神奈川の厚木と福島の自主夜間に関わっています。これは完全に社会教育です。この両者があまりつながっておらず，それが課題です。だから，本来公民館とは生存権としての学習権も保障する場であったのではないかという議論があるべきだと思う。しかし，この夜間中学が，従来の社会教育行政や生涯学習政策のなかで，きちんと取り上げられることはなかった。存在は認知されてはいるけども，ほったらかしにされていました。

　そして，公民館は，③参政権にむけての学びの場という意味があったはずです。日本の今日はいまだ，一人一人が，民主主義の担い手，自治の担い手だという市民意識が弱いといわざるを得ない。主権者意識の弱さが，公民館がうまくいかないという悪循環にもつながっているのでは。対抗するためにも「参政

権としての学習権」をかかげて公民館の役割を再定義してもいいのではないか。そもそも生涯学習は，そうしたものも含んだ概念だと思うのだけど，実際は参政権を補う学習を縮小させる方向に向かっていったのは事実だと思います。

展望は，地域からつくられるところに見出さざるを得ない

山本健慈（大阪観光大学理事長）：社会教育が弱体化した原因を国の生涯学習政策に見る議論がありましたが，そこには，自治体そのものの変質，自治体政策そのものの変質の影響が強いように感じています。

60年代，70年代の住民運動，その時の公民館は，住民の切実な課題を共同で学習する，一つのコミュニティを形成する学びを保障する施設ということで意義を見出したし，だからこそ，図書館をつくる運動や，公民館をつくる市民の運動も起こり，それは学習権をめぐる運動といった展開となり，そこへの行政の協働姿勢もあった。しかしその後，行政改革の波というか，「地方分権」の名前の下で，自治体そのものが変質させられていった。

私が付き合っている自治体の状況をみると，かつての世代の自治体職員は，住民とコミュニティを一緒につくる経験を持った人たちだった。それがいまの自治体職員の仕事の多くが，まるで，事業の仕分け機関のような仕事になっている。今の若い職員は，そうした仕事でキャリアを積んでいくから，「住民と共同して苦労しながら地域のために考える」というセンスそのものが弱い。そして市役所のフロントの職員の多くは派遣職員。これほど自治体が変質してくると，社会教育や生涯学習が入る余地がなくなっている。

それからもう一点。官僚の置かれた状況の変化です。この10年くらい私は，国立大学協会にいて，官僚の苦労を聞いてきました。とにかく「官邸主導」だという。国立大学の政策も，文科省再編も，文化庁，文化財保護法の改正も，要するに職員が官邸に呼びつけられて，官房副長官とかに「法律を変えなさい」と直接言われる。それはもう文科大臣とかを超えたところで指示されている。文科省の若い役人が伸び伸びと仕事ができる環境にない。深刻な状況だったと思います。こうした事態に，文科省総体として立ち向かおうとしても，全く太刀打ちできる状態じゃないと思います。もちろん，思いを持っている若手の方々もいます。いろんなレベルで切実な問題として感じている人がいるので，

それをつないでどう再建していくのかが問われているけど，今日明日でやれることは非常に限られています。

　しかし，問題の当事者はあくまで住民であって，住民こそが切実な問題を切実に考えている。そこに学ぶ，というところを追求していくことからしか道は拓かれないのでは，というのが私の感じるところです。

諸外国からの日本の社会教育への関心

佐藤：私は，海外からみて日本の公民館とは何なのか，そこに非常に注目してきています。近年，東南アジアの方々が東北の公民館に見学にいらしたり，JICA が東南アジアに公民館のスタイルを広げようとしたりと，東南アジアでは，その社会の文化を向上させていくためには「KOMINKAN」はなくてはならない，というくらいの強い意識をもって，開発途上国の支援が行われています。その延長に，ユネスコでも 2009 年の第 6 回国際成人教育協議会では CLC（コミュニティラーニングセンター）の重要性がでてきた。そして，2022 年の第 7 回では，成人学習教育（ALE）と，地域社会組織（CSO）という概念が提起されています。このことは，戦後日本の民主化の段階で目指されてきた社会教育の在り方が，あらためて 21 世紀の成人教育の枠組みに採用されてきているようにも読めます。ユネスコは，90 年代には ESD，環境教育を強調していたのが，単に環境だけではなく，貧困・格差などの問題を視野に含めながら，それを具体的に解決するものとして，CLC という枠組みを 21 世紀の政策として提唱しています。

　ただ，ユネスコはどちらかというと基礎教育，学校に行けなかった人たちを保障するところで 20 世紀はやってきてきました。小学校で退学せざるを得なかったような人たちをいかに成人になって学習機会に復帰できるようにするのか，という，日本では明治以降，あまり経験のない現実が，世界では当たり前なのですね。このあたり，日本は厳密な統計は実は最近出ていないみたいですよね。

前川：2020 年の国勢調査の結果で初めて出ました。国内に中学を卒業していない人が 90 万人です。

佐藤：そうですね。これが初めてです。90 万〜100 万の不登校者が学校に行け

ないままでいるということに目をつぶって，日本は非常に高度な学歴社会であるというイメージのまま，実は教育機会が奪われている人に目が向かない構造にあった。この問題と，世界的には生涯学習ですべての人のための教育の権利をといわれていたことが，残念ながら結び付いていない，という国際落差があります。

　一方で，先ほどの前川さんの説明にあったように，日本は戦前にものすごい国家主義を生んで，全国民を国家主義に教化するという方向に戦争中は行きついていった。このことへの反省の砦として，地域の人たちがみんなで民主主義を学ぶのだという，生活的民主主義を打ち出したのが，そもそもの公民館の理念です。明治以降の日本の強大な国家主義的教育に対する，小さな足元からの抵抗拠点が公民館，という構図が，戦後の社会教育法には盛り込まれています。これを規定した社会教育法は，読むと，世界でも非常に先進的な成人の学び，地域の学びを規定している。この社会教育法をなくしてはいけない，というのが，私たち社会教育学会の立場でした。なので，生涯学習政策が，既存の社会教育法制度を基礎にしたものではないものを持ち込もうとしたときに，いや法制度的には社会教育法は核心をついている，という論理で擁護してきた流れがあるわけです。

　それが60年代，70年代となり，世界で「生涯学習」といわれて，日本にもそれが入ってきて。だけれども公民館では，経済成長の中で，戦後初期の地域の民主主義が弱まっていった。日本の場合，農村の文化は非常に根強く，地域の人たちががっちり参加して，自分たちで公民館を運営するのだという意識を強く持ちつづけられた地域も一部にありますけど，それさえも空洞化していく，それが決定的になるのが1990年代から2000年代だったのでは，と思います。

小中高大の強固な接続

佐藤：もう一点，日本の学校教育との関係で，生涯学習を通じて克服すべき課題を論じてらっしゃる，教育社会学の広田照幸先生，本田由紀先生などの提起を紹介します。

　いじめ・不登校が日本では激増しています。その対応をめぐって，教育社会学では「リカレント教育をきっちり保障するべき」，つまり，途中で学校をや

めても，もう一回学校に行く機会をきちっと保障すべき，と主張なさっておられます。とりわけ，新卒一括採用が完全に崩れているなか，就業できないときに学校に戻れるようにしないと，日本の社会は，そして教育は持たない，といわれています。

　ここでは，日本の小中高大のつながりの「異常さ」が課題として捉えられています。日本では，18 歳から 19 歳で大学に入るのは当たり前とされ，たとえば 3 年浪人だなんてものすごいストレスです。ところが，スウェーデンなど北欧諸国では，大学生の平均年齢は 20 代後半です。一回働いて，月謝を貯めてから入る，働きながら学ぶというのが当たり前の姿です。日本のように，小中高大がつながり，何が何でもその年限で，ということになってきた学歴社会が，いかに子どもたちを傷つけているのか。その先に，学校に行けなくなっている人が 100 万人もいるという社会になっています。

　ですから，臨教審が生涯学習体系という表現で，ターゲットを生まれてから死ぬまでの全体の教育に広げたのであれば，こういう日本の学校教育のゆがみの問題も含めた，トータルな教育体系の中で，それぞれがどういう役割を果たしていくのか，という議論が必要であったのではないかと思います。

　そこで学校教育学は変わり始めている。社会と学校との関係を考えなおしはじめている。では，そのときに公民館が「学びなおし」の機会を地域でつくっていけるのか，というと，日本ではなかなかつながっていかない。伝統的な公民館活動と，前川さんたちがやってこられた自主夜間中学のような，専門的で意識的なボランティアの方々がつながっていかない。

　その時代に，国際的には日本の CLC に注目すべき，という勧告が出てくる。このちぐはぐさをどう乗り越えていくか，相当幅広い視野で取り組んでいかなければならないのではないか，と思います。

これからの行政に求めること

寺脇：まず，正しく理解していただきたいことですが，生涯学習政策は社会教育を弱めようなどとは思って展開してはおりませんし，実際の展開においても，当時の感触からすれば，大部分の現場からすれば良い刺激となったはずです。それに，30 年前にやろうとしたことは，一応達成できているわけです。であれ

ば次の 30 年，50 年，どうするのかを考えないといけない。

あの当時，天地がひっくり返るようなことがなぜできたかというと，臨時教育審議会は国民全体で 3 年間議論したんですね。国民の声を聞きつつ，専門家が 3 年にわたって議論した，ものすごい回数の会議を開いて議論して決めた。だから，これから同じぐらいのことをしなくてはいけない。30 年後なら 2050年。もっと過疎化は進んでいる，地球温暖化は進んでいる，災害はもっと起こっているかもしれない。どうするのか。なぜそれを今，やろうと思わないのか。

それから，私は「誰かが住民を教育しなければならない」という考えには全く賛成できない。成人になったら，自分で考えて，いろんな意見が現れる場で議論もする。それが大事だと思っています。だから，生涯学習は自由であることが大事だといったけど，一切自由にやればいいというはずはありません。これからは一体何が学ばれないといけないのか。みながやらなければならないこと，例えば，根本的な，民主主義のしくみを学ぶ，とかはやらなければならない。それは何なのか，ということをもう一回考えなければならない。大学生たちと話をして，たとえば今の教科は国語・算数・理科・社会だけど，未来はどんなことを学ばなければならないと思うかと聞くと，すると「防災，環境などは必修にしなければならない」という意見も出てくる。場合によっては「算数はだいぶ縮小していいのかもしれない」という意見もある。高校に新たに「公共」という科目ができましたが，これを「未来」からみたとき，どう受け止められるだろうか。そういう議論を三年くらいかけて徹底して議論して，何が学ばれることが必要なのかを今なお考えなければならないと思う。そのことを，公民館など社会教育の土俵でも大いに議論すべきです。

それから，昔は，国が自治体に「公民館をいくつつくりなさい，それに補助金これだけを出すから」と機械的にやってきた反省から，流れとしては「地方分権」となって，そこはそれぞれが考えて決めることだから一般財源で進めよう，とやっているわけじゃないですか。その結果，たとえば自治体によっては長がしょうがないことに一杯お金を使うこともある。「では，その人は選んだのは誰なのか」という問題こそが問題の核心です。生涯学習政策の登場が公的社会教育の衰退を招いたなどというのは責任転嫁も甚だしい。

生涯学習時代の社会教育を一層よいものにしていこうという動きは，全国に

いくらでも生まれています。ついこのあいだは，島根県の雲南に行きました。みんなでしっかり話し合って，そこにお金を使おうねって決めて，そういうことを大事にする首長を住民が支持して6期ぐらいされていた。そうした実例はたくさんある。私たちは，そういう実例を知らない人たちに，もっと知らしていかなければならない，ということなのだと思います。

　私が昔から自治体職員に言っていたのは，生涯学習行政には，「情報」と「企画」と「連携」，この三つがないとだめだ，ということです。社会教育も古いことをそのままやっていくのではなくて，よそではこんなことをやっているといった情報を収集して，職員が部局を超えて，かつ，民間とも連携していく。そうすれば，職員一人一人の力は小さくても，何とかなっていくということがある。自治体レベルでは特にそういうことが大事だと思います。社会教育だけのうのうと税金を使いながら公的使命を立派に果たす仕事が継続できると考えるとしたら，それは納税者即ち国民に対する単なる甘えに過ぎません。

前川：今日の話を伺いながら，私がずっと頭の片隅で考えていたのは，自分が関わっている自主夜間中学のことです。ここは，まさに社会教育でして，それぞれ学びたいことを学んでいます。先日ここに，スペイン語しか話せないコロンビアの少女が来ました。誰も彼女と話せないので，どうしようかとみんなで悩んでいたら，かつてスペイン語を学んでいたという人が現れて，自分が覚えているスペイン語を使って教える，ということを始めていました。この活動をやっていると，「私も手伝いたい」という人がいつのまにかやってくるんです。地域の中には，そういう潜在的な力がたくさんある，ということがわかる。

　私は月に一回通っています。私が行った時は，一時間半ぐらい，時事問題を議論しています。はっきりとしたカリキュラムがないおかげでなんでもできる。私ができることをやらせてもらえる。そういう学びの場です。こういう場をつくる力で，行政を再活性化することができるのではと思います。

佐藤：20世紀の末に議論したことが，21世紀の地球全体の危機が迫っている社会に生かさなければならないなかにあって，日本では，その危機が現実に起きてしまって翻弄されてしまっている現実があります。大きな災害や猛暑の問題などに巻き込まれている中で，もう一回20世紀に積み上げてきた思想を今日的に立てなおしていくことが求められていると思います。

182　第4部　社会実装に向けて

　従来の公民館が基盤としていたのは，いわゆる地縁的な関係でした。こうした地縁的な組織の少なからずは，民主主義を多数決主義でやってきた，町会のリーダーにお任せのような組織です。なかには学習と話し合いと活動を積み重ね，そうやすやすと上の言いなりになるようなことのない地域もありますが，いずれにせよ，先々を見据えると，役員のなり手がない，5年先，10年先が展望できないという地域が増えています。

　一方で，前川さんがやってらっしゃるような実践は，「一人でも大事に」と寄り添うほどに，仲間が広がってくる，そういう経験をされている。では，このような自主夜間中学のようなグループを，地域が受け入れているのか，学ぶコミュニティになっているのか，そこを問う力を，果たしてこれからの行政に求められるのかが，問われているように思います。

＊　　　＊　　　＊

解　　題

　私は，社会教育学，つまり，学歴取得を目的としないところで組織されている学習を支援する仕組みを専門に研究しています。その立場からすれば，この生涯学習政策を実際に担っていた担当者と，そのことを批判的にも捉えてきた研究者を含んだ，この4者の対話は，実に貴重なものでした。

　寺脇氏は，生涯学習政策を，従前の社会教育行政という次元の政策ではなく，学校教育を中心に，それ以外のすべての学びの機会を包含した教育政策であり，その観点から学校教育をも大きく改革することを可能にした論理であったと述べています。そのそばにいた立場からも「臨教審答申が出てから10数年は，私の立場では，日本の教育政策のなかで一つの良い時代だったと思う」（前川氏）と，その政策は極めて肯定的に認識されていました。そして実際に，国民の学習に向き合う上での様々な障壁がこの時期大きく取り払われていった，その事実関係を確認することができました。

　その一方で，生涯学習という概念が，その後の政策展開から30年を経て，導入された当時の勢いを失っているのは事実です。また，生涯学習を進めてい

く重要制度であるはずの市町村の社会教育行政が，基盤となる地縁的関係の弱まりも受け，その役割を果たしきれないほど大きく弱まっています。

しかし，少なくとも生涯学習政策はその役割を満了した，といえる状況ではありません。むしろ，国際的に展開されている施策や理念に学び，これを大きく発展させていかなければならないことの必要性を確認させられた対話でした。

問題の一つは，日本の20世紀段階では目立たなかった，学校を諦めてしまう人（不登校など）の存在の広がりです。小中高大の接続性のあまりの強さ，という東アジア型の教育システムは，学校を諦める人々を広げてしまっています。対して，国際的な生涯学習政策が，そうした人たちの学びなおしの機会を権利として保障するものとして発展してきたことに鑑み，政策を大きく更新していく時機なのではないでしょうか。

また，そうした立場の人たちの学びなおしの機会が市民的，連帯的につくりだされた取り組みとして，この対話では「自主夜間中学」が話題にされました。そこでは，従前の生涯学習政策が，個人の学習の機会を広げてきた一方で，人々が連帯して学び，なにかことをおこす条件の保障に向けては，相対的に関心が弱かったのでは，という論点が示されています。その意味で，今後の生涯学習政策においては，公民館の現代的再生が一つの重要なポイントになるでしょう。

連帯しうる公共空間の整備とともに，改善されるべきは，連帯に時間をさける生活条件の問題でしょう。勤労者が学習や地域活動に時間が割けない。その条件をいかに拡充するか。「学ぶ意思をもち，来られる人たちにいかなる質の学習を提供できるのか」という問いと並行して，「そもそもそこに時間を割ける条件が生活にあるのか」その点の改善が講じられるべきでしょう。

国際的には，「有給教育訓練休暇」（就労中の労働者が教育訓練を受けるために，一定期間有給で職場を離れることを認める休暇制度）について，国際労働機関（ILO）は，1974年（第59回）総会で，同制度を労働者の権利として保障し，その付与に向けた政策の策定・運用を加盟各国に求める「有給教育休暇に関する条約」を採択しています。しかし日本は，現在もこの条約に批准していません。かつては生涯学習の条件整備の問題と接続して検討されることが薄かったこの課題も，今後に乗り越えることが求められています。

おわりに

『みんなのための生涯学』，いかがでしたでしょうか。「人生を楽しむ」ための科学的なヒントは見えてきましたでしょうか。この「あとがき」では，編者の一人である私なりのまとめ方で，見えてきたヒントを解説してみたいと思います。

私たちの「生涯学」プロジェクトでは，2020 年のスタート以来，人の「生涯」を生物（B）・心理（P）・社会（S）の 3 側面から多角的に理解するために，神経科学・医学・心理学・社会学・文化人類学・教育学などの多分野の研究者が集まって，「生涯学」という新しい学術領域を創り出してきました。

その結果，私たちに見えてきたのは，つぎの 3 点だと思っています。

第 1 に，生涯は不断の「成熟」のプロセスである，ということ。

第 2 に，その「成熟」には，一個人のなかで（たとえば「認知予備力」などのかたちで）積み重なっていく「個人の成熟」と，さらに，社会のなかで世代を超えて（いわば「社会の予備力」のようなかたちで）積み重なっていく「社会の成熟」の，両側面があるということ。

第 3 に，「個人の成熟」があってこそ，その成熟の知恵が世代を超えて受け継がれて積み重なる「社会の成熟」も可能になること。また，「社会の成熟」があってこそ，その社会で生まれてきたりその社会に新たに加わったりする人々にとって，「個人の成熟」がよりスムーズになる面もあること。つまり，「個人の成熟」と「社会の成熟」は，互いに無関係なものではなく，互いに補い合っているということ。

それでは，「個人の成熟」と「社会の成熟」は，それぞれ具体的にどのようなものなのでしょうか。

「個人の成熟」としては，たとえば，身体活動や余暇活動，教育，仕事，健康管理などによって，生涯を通じて認知機能の潜在能力である「認知予備力」や「ライフスキル」などが蓄えられていく，という側面を描くことができます

（第1〜9章）。また，生涯を通じてさまざまな人間関係を築き深めていくことによって，心理状態や対人行動がより安定化していくという側面も描くことができます（第10〜12章）。

　他方で，「社会の成熟」としては，たとえば，人々が互いの特性を認め合ったり互いに頼り合ったりすることによって，社会が集団として持っている可能性（たとえば互いにデコボコを補い合うことでみんなが生きやすくなること）を世代を超えて蓄積していく，という側面を描くことができます（第13〜14章）。また，そのような社会の可能性を，他の社会も参考にできる「イメージ」や「レパートリー」「政策」として，社会間で共有し合い，複数の社会が全体として「イメージ」「レパートリー」「政策」を世代を超えて蓄積していく，という（より大きな）側面も描くことができます（第15〜17章）。

　このようにまとめてみると，私たちの「生涯」というのは，つねに個人と社会を成熟させていくという「積み重ね」の側面があり，さらに，一人の生涯に閉じずに，世代を超えて複数の生涯にまたがって成熟が受け継がれていくという側面もあるのですね。そのような視点に立つことで，あなた自身の「生涯」が，この本を読む前よりも「多面的で奥深いもの」として見えてきたのであれば，「生涯観を刷新する」というこの「生涯学」プロジェクトの目標は，あなたのなかで実を結んだといえるでしょう。

　本書から得られる「人生を楽しむ」ための科学的なヒントは，おそらく，自分の人生に「不断の積み重ね」（成熟）の側面を発見し，「無駄なことは何ひとつない」ということに気づくこと。そして，その「積み重ね」は，単に自分一人だけで孤独に行っている寂しいものではなく，身近な人々や自分が関与しているさまざまな社会（友人，家族，地域，仕事仲間，趣味仲間，オンラインコミュニティ，国，人類など）の人々ともに，世代を超えて共同で行っている「積み重ね」もあるということ。そのような「共同の積み重ね」に，いつも自分は（気づかないうちでも）貢献しているということ。そういった「個人の成熟」と「社会の成熟」に自分が（気づかないうちにでも）つねに貢献しているということに気づくことで，さらにはその気づきを自分の日々の営みや人生設計に活かしていくことで，私たちは自分の人生をもっと楽しめるようになるのではないでしょうか。

おわりに　187

　人生を見つめ直したい，人生をもっと楽しみたい，と思ったときには，ふた
たび本書をぱらぱらと開いてみてください。偶然に開いたそのページに，新た
なヒントが隠れているかもしれません。本書では，とても多様な学問分野の研
究者が，「生涯」について専門的知見を紹介しています。それらの知見は多面
的で，とても一言で語り尽くせるようなものではありません。本書が，複雑な
現代社会を生きるみなさん一人一人にとって，人生のよき伴侶となりますよう
に。

　　　　　　　　　　　　　　　　　　　　　　　　　　柴田　悠

事項索引

あ

意味記憶　19, 98
イメージ　143
色　142
ウィリアムズ症候群　12, 37
ウェアラブルデバイス　41
エストロゲン　48
エピジェネティック年齢　34
エピソード記憶　17, 98
オプティカルフロー　60

か

会話　99
学習権　162
学力　44
家族　113
感覚機能　59, 98
記憶　17
機能代償　22
教育権　162
教育歴　83
共助　114
共生社会　9
月経　49
更年期　53
高齢化　109
公助　114
互助　114
固有感覚　61

さ

作業記憶　18
サルコペニア　61

参与観察　128
磁気共鳴画像（MRI）　24
仕事の複雑性　80
視細胞　60
自閉スペクトラム症（ASD）　35
社会教育学　182
社会の予備力　8, 10, 12
生涯学　1
生涯学習　10, 161
生涯観　1
職業経験　75
身体活動　40
ステレオタイプ・エンボディメント理
　論　143
ストレス　27, 117
生活文脈　78
成熟　11
正統的周辺参加　127
生物学的年齢　33–34
生物心理社会（BPS）モデル　5
前庭感覚　61

た

脱分化　22
頼り合い（頼り合う）　5, 8, 12, 123
短期記憶　27
知覚機能　59, 98
中年期　117
つながり　112
DNA メチル化　34
テクノ・ライフヒストリー　128
手続き記憶　19
テロメア長測定　34

な

二重課題　100
ニューロン新生　27
認知機能　4, 41, 70
認知症　4, 41
認知予備力　4, 68
脳機能局在　22
能力　134

は

場　137
パーソナリティ　90
PMS　11
標準化　135
腹話術効果　62
補償　59, 63
ホットフラッシュ　53

ま

ミラーハンド錯覚　64
民俗的行事　151

や

ゆとり教育　166
夢　88
余暇活動　75, 80
予測　102

ら

ライフスキル　54
ライフステージ　129
暦年齢　33
レパートリー　150
レム（Rapid Eye Movement）睡眠
　89

人名索引

A
Aksayli, N. D.　85
Andersen, G. J.　60
Ando, S.　28
Aurora, R. N.　94

B
Baddeley, A. D.　18
Baltes, P. B.　103
Banks, M. S.　63
Barthel, M.　100
Beauvoir, S.　126
Bennett, P. J.　60
Bethlehem, R. A. I.　26
Betts, L. R.　60
Biggs, M.　150
Bloesch, E. K.　65
Bögels, S.　101, 102
Bull, F. C.　40

C
Cadenas-Sanchez, C.　44
Cai, L.　28-30
Callahan, D.　144
Cappell, K. A.　22
Chaddock, L.　44, 45
Chancel, M.　64
Costello, M. C.　65

D
Daselaar, S. M.　20
de Boer-Schellekens, L.　62
del Pozo Cruz, B.　41

D
Denburg, N. L.　20
Domhoff, G. W.　90
Drew, L.　38
Dufour, A.　61

E
江川美保　10
榎本美香　103
Enriquez, A.　60
Erickson, K. I.　42, 43
Ernst, M. O.　63

F
Fox, S.　143
藤原辰史　137
Funkhouser, A. T.　91
Fushimi, M.　118

G
Gelpi, E.　168
Guergova, S.　61
Gutchess, A. H.　20, 21
Guthold, R.　40, 41

H
花渕馨也　126, 127
原田悦子　11, 99-101, 104
Hay, L.　64
日高聡太　61
Hide, M.　65
樋口恵子　163
Hillman, C. H.　44
Hirai, M.　36-38

広田照幸　178
Hobson, J. A.　89
Hoffman, P.　19
本田由紀　178
Horvarth, S.　35

I

市川昭午　170
池永将和　99, 100
Illich, I.　136
石原　暢（Ishihara, T.）　3, 44, 46
石井山竜平　9, 10
石岡良子　82
Ishioka, Y. L.　83

J

Jackson, G. R.　60
Jeka, J. J.　65
Jopp, D.　83

K

金子守恵　5, 6, 14, 126, 128-130
Karp, A.　81
笠井賢紀　9
川瀬洋子　94
Kensinger, E. A.　20, 21
小林江里香　110
Kohn, M. L.　80
小池進介　2, 28, 31
Kozel, B. A.　38
Kramer, A. F.　41, 101
倉田　誠　7, 140
串田秀也　104

L

Langer, E.　144
Laurienti, P. J.　62
Lave, J.　127
Lengrand, P.　167, 168

Levy, B. R.　144, 147
Livingston, G.　61
Loaiza, V. M.　17, 18
Lopez-Ortiz, S.　41

M

Madden, D. J.　101
前川喜平　160
Maguire, E. A.　79
Mathes, J.　92
松田英子　11, 88-90, 92, 94
松井三枝　4
三谷はるよ　119
Morcom, A. M.　19
森　喜朗　166

N

中川　威　144
中曽根康弘　160, 164, 166
Ngandu, T.　85
Nishimoto, T.　101
Niu, X.　20
Northey, J. M.　42

O

Okada, H.　91
Okada, N.　28
Okazaki, S.　35-38
大田　堯　162

P

Park, D. C.　22
Park, H.　63
Pontifex, M. B.　45, 46

R

Reuter-Lorenz, P. A.　22

人名索引　　193

S

Sacks, H.　　101
Sakurai, K.　　118
Sala, G.　　83, 85
佐々木尚之　　117
佐藤一子　　160
Sato, K.　　76
Sauppe, S.　　100
澤田知恭　　11, 101, 104
Schacter, D. L.　　21
Schegloff, E. A.　　103
Schooler, C.　　80
Schredl, M.　　90
Sekiyama, K.　　62
Setti, A.　　63
柴田　悠（Shibata, H.）　　1, 10, 14, 119
宍戸邦章　　117
Simmons, L. W.　　126
Snowdon, D.　　78
Stern, Y.　　22, 68, 69
Stillman, C. M.　　42
Stivers, T.　　101
鈴木千恵　　90

T

滝口雄太（Takiguchi, Y.）　　75, 76

Taylor, V.　　150
寺本　渉（Teramoto, W.）　　3, 64, 66
寺脇　研　　160
Then, F. S.　　76
Treloar, S. A.　　50
月浦　崇（Tsukiura, T.）　　1, 18
筒井淳也　　9, 114, 115
Tulving, E.　　17, 19

V

van Dyke, N.　　150
Verhaeghen, P.　　101
Vroomen, J.　　62

W

Warren, W. H., Jr.　　60
Weinger, E.　　127
Wiseman, R.　　90

Y

山本健慈　　160
安元佐織　　11, 144
Yoon, C.　　21

Z

Zhu, Y.　　31

【著者一覧】

①所属・肩書 ②専門分野 ③博士号などの資格 ④（臨床）フィールド ⑤研究テーマ ⑥主著 ⑦生涯学の知識を自分の生活や研究で活かしていること

〈編者〉

月浦　崇（つきうら たかし）／担当：第1章
①京都大学大学院人間・環境学研究科 教授 ②認知神経科学・神経心理学 ③博士（障害科学）⑤ヒト記憶と社会的認知に関する神経基盤およびその加齢・神経疾患による変化 ⑥『Memory in a social context: Brain, mind, and society』（共編著, Springer）,『臨床神経心理学：神経・生理心理学【第2版】』（共著, 医歯薬出版）⑦人間の総合的な理解に関して身体, 心, 社会の3方向からアプローチすることの重要性を再発見し, より広い視点で脳機能とその障害を捉えることができるきっかけになったと思います。

柴田　悠（しばた はるか）／担当：第12章
①京都大学大学院人間・環境学研究科 教授 ②社会学 ③博士（人間・環境学）⑤ウェルビーイングの規定要因の解明 ⑥『子育て支援が日本を救う：政策効果の統計分析』（勁草書房）,『子育て支援と経済成長』（朝日新聞出版）⑦生涯を支えるものとして運動や余暇活動を大切にしています。また日本社会の成熟をめざして政治に働きかけています。

金子守恵（かねこ もりえ）／担当：第13章
①京都大学大学院アジア・アフリカ地域研究研究科 准教授 ②人類学, アフリカ地域研究 ③博士（地域研究）④エチオピア ⑤ものつくりにおける身体技法の継承, 開発実践における新たな技術の導入と受容, コミュニティ博物館における展示とその役割 ⑥『土器つくりの民族誌』（昭和堂）, "Gender-based Knowledge and Techniques in Africa"（共編著, The Center for African Area Studies, Kyoto University）⑦生物学的な年齢は人間の一生におけるひとつの目安。

〈執筆者〉（執筆順）

小池進介（こいけ しんすけ）／担当：第2章
①東京大学大学院総合文化研究科進化認知科学研究センター 准教授 ②精神医学, 脳画像解析学 ③博士（医学）, 精神科専門医, 精神科指導医 ④精神神経科 ⑤思春期脳発達, 生物学的精神医学, 社会心理学 ⑦体力を保つために, 週3日サッカーしています。

木村　亮（きむら りょう）／担当：第3章
①大阪大学大学院連合小児発達学研究科 教授 ②精神医学, 精神遺伝学 ③博士（医学）, 精神科専門医・指導医, 精神保健指定医 ⑤希少疾患に着目した神経発達症の病態解明 ⑦エピジェネティック時計が進まないように, 運動を心がけています。

石原　暢（いしはら とおる）／担当：第4章
①神戸大学大学院人間発達環境学研究科 准教授／同高等学術研究院 卓越准教授 ②健康・スポーツ科学，脳健康科学 ③博士（教育学）⑤ライフスタイルと認知機能の関係 ⑦脳の健康のために，研究室ではスタンディングデスク＋トレッドミルで歩きながら仕事をしています。

江川美保（えがわ みほ）／担当：第5章
①京都大学大学院医学研究科（婦人科学産科学）助教 ②産婦人科学，女性ヘルスケア ③博士（医学），産婦人科専門医・指導医 ④女性ヘルスケア（月経異常，更年期障害など），女性心身医学 ⑤月経前症候群，更年期障害，鉄欠乏性貧血，周産期メンタルヘルス，セルフケア支援アプリ開発 ⑦「更年期」ステージを自分自身がリアルに生き抜き，「今からが人生本番！」の感をますます強めています。

寺本　渉（てらもと わたる）／担当：第6章
①熊本大学大学院人文社会科学研究部 教授 ②知覚心理学，バーチャル・リアリティ ③博士（学術）⑤多感覚統合，高齢期の知覚・認知，バーチャル・リアリティ体験 ⑥『図説 視覚の事典』（分担執筆，朝倉書店），『Spatial biases in perception and cognition』（分担執筆，Cambridge University Press）⑦時間を見つけて身体を動かすようにしています。

松井三枝（まつい みえ）／担当：第7章
①金沢大学国際基幹教育院 教授 ②臨床心理学・神経心理学 ③博士（医学），公認心理師，臨床心理士 ④病院精神神経科および高次脳機能障害領域 ⑤高次脳機能障害における神経心理学的研究，統合失調症患者の認知機能改善と神経可塑性への解明 ⑥『脳の働きに障害を持つ人の理解と支援―高次脳機能障害の実際と心理学の役割』（共編著，誠信書房），『精神科臨床とリカバリー支援のための認知リハビリテーション―統合失調症を中心に』（編著，北大路書房）⑦サードエイジと来たる高齢期に向けて，どう過ごすべきかを考えるようになっています。

権藤恭之（ごんどう やすゆき）／担当：第8章
①大阪大学大学院人間科学研究科 教授 ②心理学・老年学 ③博士（心理学）④健康長寿研究 SONIC ⑤高齢期の幸福感・認知機能 ⑥『100歳は世界をどう見ているか』（ポプラ社），『よくわかる高齢者心理学』（共編著，ミネルヴァ書房）⑦高齢期を幸せに過ごすために，ピンピンコロリとフニャフニャスルリを同時に持てるように心がけています。

松田英子（まつだ えいこ）／担当：第9章
①東洋大学社会学部 教授 ②臨床心理学，健康心理学，パーソナリティ心理学 ③博士（人文科学），公認心理師，臨床心理士 ④産業カウンセリング，スクールカウンセリング，特別支援教育 ⑤睡眠と夢の心理学，睡眠障害と心理療法，明晰夢のメカニズム ⑥『1万人の夢を分析した研究者が教える今すぐ眠りたくなる夢の話』（ワニブックス），『はじめての明晰夢―夢をデザインする心理学』（朝日出版社）⑦自分の人生の変化を見る夢の変化とともに読み取り，たっぷり寝られる日は思い出す夢を味わっています。

原田悦子（はらだ えつこ）／担当：第10章（共著）
①筑波大学 名誉教授，㈱イデアラボ・リサーチディレクタ ②認知心理学，認知科学，認知工学 ③教育学博士 ④人工物デザイン ⑤人―人工物相互作用分析，認知的加齢 ⑥『医療の質・安全を支える心理学：認知心理学からのアプローチ』（編著，誠信書房），『"家の中"を認知科学する―変わる家族・モノ・学び・技術』（共編著，新曜社）⑦日々の活動・生活の中での様々な気づきが，研究と結合していく過程をいつも楽しんでいます。

澤田知恭（さわだ ともやす）／担当：第10章（共著）
①筑波大学大学院人間総合科学研究群 博士後期課程 ②認知心理学 ⑤会話，世代間交流，認知的加齢 ⑥「見た目の信頼性に依存した高齢者の推測バイアスの除去―若年成人と行う投資ゲームの効果」（共著，心理学研究，95(1), 44-50, 2024）⑦認知予備力を高めるために，日々余暇活動に勤しんでいます。

筒井淳也（つつい じゅんや）／担当：第11章
①立命館大学産業社会学部 教授 ②社会学 ③博士（社会学）⑤家族の近代化，女性の労働力参加，少子化 ⑥『社会を知るためには』（筑摩書房），『結婚と家族のこれから』（光文社）⑦神経科学や人類学など，多様な学問における「生涯」へのアプローチが刺激になりました。自分野（社会学）の特徴をあらためて認識し，社会学らしいアプローチを意識しています。

倉田　誠（くらた まこと）／担当：第14章
①東京医科大学医学部 教授 ②医療人類学，障害学，倫理学，医学教育学，オセアニア（サモア）研究 ③博士（学術）④サモア・日本 ⑤南太平洋サモア社会における「障害」概念の受容，日本における自助具の制作や利用と能力観 ⑥『交錯と共生の人類学―オセアニアにおけるマイノリティと主流社会』（分担執筆，ナカニシヤ出版）⑦生涯学の調査研究を通して様々な「障害」とともに生きる方に出会いました。そこでいただいたエピソードや言葉の1つ1つが私自身の変化を受けとめる際の発想の源になっています。

安元佐織（やすもと さおり）／担当：第15章
①大阪大学人間科学研究科 准教授 ②社会学 ③PhD ⑤高齢期の家族，老いへの態度，長寿願望，質的研究 ⑦歳を重ねることは嫌なことばかりではありません。楽しい側面にもしっかり目を向けるように心がけています。

笠井賢紀（かさい　よしのり）／担当：第 16 章
①慶應義塾大学法学部政治学科　准教授　②社会学　③博士（政策・メディア）④滋賀県
⑤地域社会における共生のためのレパートリー研究　⑥『パブリック・ヒストリーの実践
―オルタナティブで多声的な歴史を紡ぐ―』（共編著，慶應義塾大学出版会），『共生の思
想と作法―共によりよく生き続けるために―』（共編著，法律文化社）⑥高齢者の人生史
を積極的に聴いています。「昔の話」ではなく同時代に生きている人の物語を聴く感覚で
す。

石井山竜平（いしいやま　りゅうへい）／担当：第 17 章
①東北大学大学院教育学研究科　准教授　②社会教育学　⑤公的社会教育の条件整備におけ
る官民パートナーシップに関する研究　⑥『東日本大震災と社会教育―3・11 後の世界に
むきあう学習を拓く』（編著，国土社）⑦様々な種類の読書会を継続しています。本や雑
誌論文を音読しあい，互いの受けとめ方を伝えあう時間です。

みんなのための生涯学

人生を楽しむ科学への招待

2025 年 3 月 30 日　初版第 1 刷発行　　　定価はカヴァーに表示してあります

編著者　月浦　崇
　　　　柴田　悠
　　　　金子守恵
発行者　中西　良
発行所　株式会社ナカニシヤ出版
　　　〠606-8161　京都市左京区一乗寺木ノ本町 15 番地
　　　　　　　　　　　Telephone　075-723-0111
　　　　　　　　　　　Facsimile　 075-723-0095
　　　　　　　Website http://www.nakanishiya.co.jp/
　　　　　　　Email　iihon-ippai@nakanishiya.co.jp
　　　　　　　　　　　郵便振替　01030-0-13128

装幀＝鈴木素美／印刷・製本＝創栄図書印刷
Printed in Japan.
Copyright © T. Tsukiura, H. Shibata, & M. Kaneko 2025
ISBN978-4-7795-1860-7

◎本文中に記載されている社名，サービス名，商品名は，各社が商標または登録商標として使用している場合があります。なお，本文中では，基本的に TM および R マークは省略しました。
◎本書のコピー，スキャン，デジタル化等の無断複製は著作権法上での例外を除き禁じられています。本書を代行業者等の第三者に依頼してスキャンやデジタル化することはたとえ個人や家庭内の利用であっても著作権法上認められておりません。